AF475423

RÉFUTATION

DU

RAPPORT

DE M. LE BARON ZANGIACOMI,

CONSEILLER D'ÉTAT.

IMPRIMERIE DE MADAME VEUVE J. L. SCHERFF,
PASSAGE DU CAIRE, Nº. 54.

RÉFUTATION

DU

RAPPORT

DE M. LE BARON ZANGIACOMI,

CONSEILLER D'ÉTAT,

SUR LA QUESTION DE SAVOIR S'IL Y A LIEU DE RÉVISER LE JUGEMENT QUI A CONDAMNÉ A MORT

JOSEPH LESURQUES,

POUR SERVIR DE SUPPLÉMENT AU MÉMOIRE JUSTIFICATIF PUBLIÉ EN FAVEUR DE CET INFORTUNÉ.

PAR M. J. B. SALGUES.

« Voyez autour de vous les prières tremblantes,
« Filles de l'infortune, hôtesses des grands cœurs,
« S'étonner d'arroser de larmes impuissantes
« Les mains qui de la terre ont dû sécher les pleurs.

VOLTAIRE, *au Roi de Prusse.*

A PARIS,

Chez J. G. DENTU, Imprimeur-Libraire, rue des Petits-Augustins, nº. 5, et au Palais-Royal, galerie de bois;
JACQUINOT, Libraire, rue du Montblanc, nº. 24.

1823.

EXAMEN
DU RAPPORT
DE
M. LE BARON ZANGIACOMI,
CONSEILLER D'ÉTAT,

POUR FAIRE SUITE AU MÉMOIRE PRÉSENTÉ AU ROI, EN FAVEUR DE L'INFORTUNÉ LESURQUES.

Lorsque je formai le projet d'obtenir de la justice du Roi la réhabilitation de l'infortuné Lesurques, lorsque je conçus l'espoir de faire rentrer sa malheureuse famille dans les biens qu'on lui avait injustement ravis, je portais dans mon cœur, depuis plus de vingt ans, l'intime persuasion que Joseph Lesurques était mort innocent.

Les circonstances de son procès avaient fait sur ma raison une impression si vive et si profonde, que je saisis avec empressement l'occasion de rendre à sa mémoire un hommage public, et de faire enfin triompher la vérité, si longtemps obscurcie par l'erreur, la prévention, et peut-être par quelque cause moins excusable et plus secrète.

Je ne connaissais point la famille de l'infortuné Lesurques; je ne connaissais que son malheur : mais ce malheur était si grand, sa cause était si digne de pitié, on avait violé si cruellement à son égard tous les droits de la justice et de l'humanité, que pour l'intérêt seul de la société, je regardais comme une noble et glorieuse entreprise de rattacher à son front, injustement flétri, cette auréole d'innocence et d'honneur dont on l'avait dépouillé avec tant de précipitation.

Je savais que ce n'était pas seulement sur moi que les circonstances de son déplorable procès avaient fait une impression profonde; je savais que mes sentimens étaient partagés par des hommes d'une haute vertu et d'un éminent savoir, par des magistrats et des jurisconsultes qui faisaient l'ornement et la gloire du barreau; enfin, par les hommes de France les plus capables de former un jugement exempt d'intérêt et de prévention.

J'embrassais donc cette cause avec la satisfaction qu'éprouve un homme de bien lorsqu'il peut soulager l'infortune et servir son semblable. Que dis-je? je l'embrassais avec la ferme confiance de porter enfin de douces consolations dans le cœur d'une veuve courbée, depuis vingt-cinq ans, sous le poids de la misère et de la douleur ; dans celui de ses enfans, associés, depuis leurs plus tendres années, à ses cruelles souffrances.

Je relevais leur courage abattu, je faisais briller à leurs yeux éteints les rayons de la douce espérance : « Vous avez, leur disais-je, « imploré vainement, depuis près de vingt-« cinq ans, la justice des tribunaux et des « autorités constituées : mais dans quel temps? « sous quels gouvernemens ? Voudriez-vous « confondre le règne vertueux et bienfaisant « des Bourbons avec celui d'une République « sans foi et d'un Gouvernement avare et spo-« liateur? Ravir et garder, tel était le principe « de leur administration.... Mais protéger la « faiblesse, restituer les biens injustement « ravis, rendre l'honneur à l'innocence mé-« connue, tel est et tel sera toujours le prin-« cipe d'un Gouvernement fondé lui-même « sur la légitimité des droits. »

Je l'avoue, j'embrassais cette idée avec passion, je me plaisais dans cet heureux optimisme, et j'aurais vu avec déplaisir quiconque eût essayé de me tirer de cette gracieuse illusion.

Hélas! je ne songeais pas que si le ciel avait ramené sur le trône de Clovis l'auguste héritier des vertus de saint Louis, tout n'était pas changé autour de lui; que le génie de la révolution avait encore ses autels et ses ministres, et que si la justice avait établi dans le cœur du Monarque son tabernacle radieux, ses salutaires et brillantes émanations n'avaient point encore entièrement dissipé les ombres accumulées par une longue tyrannie dans le cœur de quelques hommes, trop longtemps peut-être associés à l'exercice du pouvoir.

Cependant, animé par mes premières impressions, secondé par la voix publique et les suffrages unanimes des honorables Députés du département du Nord, je m'empressai de rédiger une pétition pour mes infortunés cliens, et j'y joignis une notice sur les principales circonstances de ce déplorable procès.

Avec quel touchant intérêt les deux Chambres accueillirent la pétition et la notice! Le rapport de M. le Comte de Valence, celui de M. le Comte de Floirac, firent verser des larmes d'attendrissement. Le sort de la malheureuse famille que je défendais fut vivement recommandé à l'attention et à l'équité du Gouvernement. L'humanité, si longtemps méconnue, commença à respirer; la justice sembla écarter de son front le voile qui le couvrait; la France toute entière s'associa au mouvement généreux de ses représentans, et le cri de l'innocence opprimée retentit jusqu'aux extrémités de l'Europe (1).

Encouragé par ces heureux essais, je me livrai avec ardeur à la composition d'un mémoire propre à fixer toutes les idées, à dissiper toutes les obscurités, s'il en restait encore.

Jusqu'alors les greffes des tribunaux criminels avaient été inaccessibles aux défenseurs des malheureux héritiers de la victime; M. le Procureur général s'empressa de me les ouvrir. Honneur et reconnaissance à ses généreux procédés!

On conçoit avec quel empressement je saisis ces précieux matériaux! avec quelle religieuse attention je les examinai! Je les parcourais un à un, phrase par phrase, ligne par ligne. Je réprimais mon imagination; j'imposais silence à mes désirs; je n'écoutais que ma raison; je cherchais la vérité dans toute la franchise de mon cœur: à mesure que j'avançais, elle se découvrait avec plus d'éclat; quelquefois cependant elle semblait se voiler de quelques nuages.

Ainsi, quand j'arrivai au procès de ce Dubosq, auquel la nature avait donné une

---

(1) Il n'est pas une circonstance de cette cause célèbre que les journaux étrangers ne se soient empressés de recueillir.

si funeste ressemblance avec Lesurques, ces rayons d'une clarté vive et brillante qui m'avaient éclairé jusqu'alors me manquèrent tout-à-coup : l'obscurité semblait succéder à la lumière.

Il passait pour constant (et je l'avais cru moi-même) qu'à la vue de Dubosq les témoins qui avaient accusé Lesurques s'étaient rétractés; ils persistaient au contraire tous dans leurs premières dépositions. Un seul déclarait reconnaître Dubosq. J'éprouvai le trouble le plus vif; mon cœur s'émeut, je craignis un instant de m'être laissé surprendre par de trop favorables illusions, et je ne suis point étonné que ceux qui, avant et après moi, ont procédé à l'examen de ce procès, aient éprouvé les mêmes impressions.

Mais j'étais animé d'un zèle plus ardent et peut-être plus pur. Je résolus d'éclaircir ce mystère à quelque prix que ce fût. Je redoublai d'attention; je relus, j'étudiai; je confrontai les pièces les plus opposées, et la vérité reparut dans tout son éclat.

S'il en eût été autrement, oui, je n'hésite pas à l'affirmer, j'aurais abandonné une cause qu'il ne m'eût plus été permis de soutenir avec honneur. Mais loin d'être réduit à cette douloureuse extrémité, je me trouvai moi-même tellement convaincu, que je ne craignis pas de prendre l'engagement public de faire passer cette conviction dans les esprits les plus prévenus, pourvu qu'ils fussent de bonne foi, et de porter jusqu'à la rigueur d'une démonstration mathématique les preuves de l'innocence du malheureux Lesurques.

L'avantage que j'ambitionnais, je l'ai obtenu. J'ai opéré cette conviction sur la France et l'Europe entière. J'en ai pour garant le témoignage unanime des journaux de Paris, des départemens, d'Allemagne, d'Angleterre, d'Italie.

J'ai opéré cette même conviction sur les magistrats distingués par leurs lumières et leur équité, sur les jurisconsultes de France les plus célèbres, ainsi qu'on peut en juger par leurs témoignages, qu'on trouvera recueillis à la fin de ce mémoire.

L'innocence de M. Joseph Lesurques est donc démontrée; c'est un fait qui demeurera désormais incontestable et que l'histoire consignera dans ses annales comme un des plus tristes exemples des erreurs, des préventions et de la faiblesse de l'esprit humain.

Je me reposais dans la confiance que devait m'inspirer ce succès, lorsque j'appris que M. le Garde-des-Sceaux avait chargé M. le

Baron Zangiacomi, Conseiller d'Etat et Conseiller à la Cour de Cassation, de lui faire un rapport sur le procès du malheureux Lesurques. Quelles étaient ses instructions? je l'ignore. Mais convaincu que l'innocence de Lesurques est aujourd'hui un fait indubitable, je pensai que l'unique objet dont M. Zangiacomi pût être chargé, c'était d'examiner si nos lois permettaient la révision des procès criminels, ou si leur silence devait être suppléé par une loi nouvelle!

Je m'empressai d'adresser à M. Zangiacomi le mémoire au Roi, en faveur de Lesurques. Je ne conçois point ce magistrat. On loue son savoir et son habileté en jurisprudence; Buonaparte lui confiait souvent le soin de défendre ses projets de décret dans le sein des assemblées délibérantes. Son entrée dans les affaires publiques remonte presqu'au berceau de la révolution. On ne saurait douter de sa longue expérience.

Mais dois-je expliquer ici ma pensée sans détour, sans aucune de ces timides réserves, de ces funestes ménagemens qui trahissent si souvent les intérêts de la justice et de la vérité? lorsque j'appris que le sort de notre cause était remis entre les mains de M. Zangiacomi, j'éprouvai je ne sais quelle impression fâcheuse qu'il ne fut pas en mon pouvoir de réprimer. Un secret pressentiment, une voix intérieure me disait que la mauvaise fortune de Lesurques n'était pas encore entièrement épuisée. M. Zangiacomi refusa de voir sa malheureuse famille; je ne pus obtenir l'avantage d'une conférence avec lui, et ce ne fut que par les papiers publics que j'eus connaissance de son rapport. M. Zangiacomi ne me fit point l'honneur de m'en envoyer un exemplaire, bien qu'on l'eût répandu avec profusion. Je lus avec empressement cet ouvrage; je reconnus bientôt que mes pressentimens étaient justes, mais que la cause de mon client ne pouvait en souffrir.

On verra que M. le Baron Zangiacomi n'a osé contester aucun des faits, attaquer de front aucun des raisonnemens sur lesquels j'ai établi l'innocence de mon malheureux client, et que par conséquent sa justification reste aussi entière qu'elle était auparavant.

Qu'a donc fait M. le Conseiller Zangiacomi? Il s'est contenté de ramener des nuages sur un horison que j'avais éclairci; il s'est jeté dans le vague des conjectures, il a opposé le doute à la certitude, le soupçon à des réalités. Il a fait ce qu'avaient fait avant lui les rapporteurs de la République et du Gouvernement impérial; il a répété ce qu'ils avaient dit:

il s'est borné à puiser dans ces sources équivoques et suspectes, et de reproduire sous le règne d'un fils de saint Louis, ce que des agens fiscaux et méticuleux avaient produit sous le sceptre redoutable de Napoléon; il s'est armé, comme eux, de toute l'industrie d'une logique subtile et artificieuse, et s'est, comme eux, proposé ce problême à résoudre : trouver par quels moyens on peut infirmer ou atténuer les preuves sur lesquelles reposent l'innocence de Joseph Lesurques.

Voyons jusqu'à quel point il a réussi.

M. le Baron Zangiacomi a divisé son rapport en deux parties, LES FAITS ET LA DISCUSSION; je le suivrai dans cette double division.

LES FAITS; ils sont dénaturés; il me sera facile de le prouver.

LA DISCUSSION; elle viole toutes les règles de la logique; la prévention s'y montre à chaque instant, et le rapport entier ressemble plutôt à un acte d'accusation qu'à un résumé impartial et désintéressé.

LES FAITS.

M. Zangiacomi commence, comme tous ceux qui l'ont précédé, par déclarer qu'il a examiné, avec une scrupuleuse attention, les pièces des cinq procès qui se sont succédés dans la cruelle et sanguinaire affaire du massacre du courrier de Lyon et du vol de ses effets.

Il ajoute qu'aux cinq procédures criminelles qui lui ont été communiquées, on a joint deux rapports fort instructifs, faits par ordre du Gouvernement en 1808, l'un par M. Girodet, *Procureur général* près le tribunal criminel de Versailles, qui avait dirigé quelques-unes de ces instructions; l'autre par M. de Collenel, alors chef de la division du personnel et des grâces au Ministère de la Justice: que c'est dans toutes ces pièces *officielles* qu'il a puisé les faits dont il se propose d'entretenir MM. les Conseillers des comités du contentieux et de législation.

Après ce préambule, M. Zangiacomi expose les circonstances de l'assassinat du courrier de Lyon; il se demande ensuite quel était le nombre réel des assassins, et il le fixe non point à cinq, comme l'établissent toutes les pièces de la procédure, mais à sept.

Il passe de là à l'examen des charges qui pesaient sur l'infortuné Lesurques; il lui suppose des relations habituelles avec les assassins, et soutient qu'elles étaient de nature à élever contre lui une prévention défavorable.

Il rapporte que les renseignemens qu'on

se procura sur sa moralité, à l'époque de son procès, ne détruisirent pas ces fâcheuses impressions, et cite, à l'appui de cette assertion, la partie de l'acte d'accusation de Melun, où l'on établissait, sur le rapport des autorités de Douai, qu'il avait besoin de son travail pour vivre, et qu'il était un homme sans conduite et fort dépensier. Cependant il déclare s'arrêter peu à ces considérations.

Mais ce qui le frappe davantage, c'est la déposition uniforme des témoins, qui déclarent que dans la journée du 8 floréal ils ont vu Lesurques avec les autres brigands, à Lieursaint et à Montgeron. Quel est le nombre de ces témoins? M. Zangiacomi le porte d'abord à dix, puis à huit, puis à neuf.

Il leur oppose, il est vrai, les témoins produits à décharge par le malheureux Lesurques; mais autant il déploie de zèle pour fortifier les dépositions qui lui sont contraires, autant il prend de soin pour atténuer et infirmer celles qui lui sont favorables. Il s'arrête avec une sorte de prédilection sur la surcharge du livre de Legrand, rapporte une partie de l'instruction dirigée contre lui, et déclare que cette partie de la procédure lui paraît péremptoire et propre à faire évanouir tous les moyens justificatifs, tous les efforts de Lesurques pour démontrer son innocence.

Il conclut de ce premier examen, que les jurés ont eu des motifs suffisans pour condamner Lesurques et qu'on ne saurait leur adresser aucun reproche.

Cependant de graves présomptions se sont élevées contre ce jugement; les citoyens présens aux débats, les avocats les plus distingués du barreau sont restés convaincus de l'innocence de Lesurques.

Au moment de son arrêt, un des coupables a élevé la voix et s'est écrié : *je suis justement condamné, mais Lesurques est innocent.* D'autres déclarations sont venues se joindre à son témoignage, et le Directoire, frappé de ces circonstances, s'est arrêté au moment de l'exécution, de crainte de commettre lui-même un assassinat.

Un autre coupable, avant de monter à l'échafaud, a rendu le même témoignage à Lesurques; un troisième l'a déposé dans un testament de mort; tous, sans exception, ont déclaré qu'ils n'avaient jamais connu Lesurques. Un des témoins a rétracté solennellement sa première déposition et reconnu son erreur. Le concours de tant de circonstances extraordinaires ne démontre-t-il pas l'innocence de Lesurques ?

M. Zangiacomi examine successivement ces questions, et conclut qu'elles ne sauraient servir à justifier la victime dont tout le monde déplore le malheur.

La déclaration de Courriol, il la combat, en faisant remarquer que si Courriol a déclaré l'innocence de Lesurques, il a aussi déclaré celle de Bernard et de Richard. Si trois témoins, Madelaine Bréban, Goulon et Cauchois, viennent fortifier de leurs dépositions la déclaration de Courriol, M. Zangiacomi entreprend de persuader que ces dépositions se confondent avec celle de Courriol et ne représentent réellement qu'un seul témoignage.

Les messages du Directoire ne sont pour lui d'aucune considération; il leur oppose le rapport de M. Siméon, en adopte tous les principes, et conclut, comme lui, que le Conseil des Cinq-Cents a bien fait de laisser tomber la tête de Lesurques en passant à l'ordre du jour.

La déclaration de Durochat, conforme à celle de Courriol, n'est d'aucun poids pour lui, parce que Durochat ayant menti une fois pour Dubosq, a bien pu mentir une seconde fois pour Lesurques.

Le testament de mort de Roussy ne le touche pas davantage : qui sait si ce n'est pas un acte de complaisance, une pièce fictive et supposée ?

Il discute avec beaucoup de soin le procès de Dubosq, fait valoir de tous ses moyens la persistance des témoins contre Lesurques, et en tire la conséquence que rien n'est moins démontré que l'innocence de la victime défendue depuis vingt-cinq ans avec tant de zèle et de persévérance.

Tels sont en abrégé les moyens employés par M. Zangiacomi pour remettre en problême un fait démontré et repousser de nouveau les soupirs et les prières d'une famille infortunée. Nous allons successivement examiner ces moyens, et nous espérons que cette nouvelle attaque, loin de nuire à la mémoire de Lesurques, ne servira qu'à faire briller davantage les preuves qui attestent son innocence.

Je serai sans doute obligé de revenir souvent sur des faits que j'ai déjà exposés dans mon mémoire ; je serai forcé de discuter de nouveau les dépositions des témoins et les circonstances les plus importantes de la procédure ; mais si ces répétitions ont quelque chose de fastidieux, j'espère que ce ne sera point à moi que les lecteurs en adresseront le reproche. J'avais pensé que chargé par M. le Garde-des-Sceaux d'examiner si, dans l'état actuel de notre législation, il était possible d'admettre la révision des procès criminels, M. Zangiacomi se serait contenté, comme je l'ai déjà dit, de traiter la question de droit; ou que s'il croyait devoir en même temps s'occuper de la question de fait, il tiendrait quelque compte du mémoire présenté au Roi. M. Zangiacomi a mieux aimé le regarder comme non avenu, ou s'il en a parlé un moment dans le cours de son travail, ce n'a été que pour se plaindre du peu de respect que l'on a eu pour M. Siméon.

Je dois faire remarquer ici que je n'avais pas même prononcé le nom de M. Siméon. J'avais cru, par égard pour le rang où les chances du hasard ont placé quelques personnes, devoir user de tous les ménagemens que me permettait la défense de mon client. Si, dans le cours du mémoire, j'ai repoussé avec quelque chaleur quelques-unes des assertions de M. Siméon, c'est que l'intérêt de ma cause m'en faisait un devoir, et loin de me repentir des expressions dont je me suis servi, je déclare que j'aurais dû, peut-être, en employer de plus fortes.

Lorsque dans l'exercice d'un ministère

sacré, M. Siméon, emporté par je ne sais quels motifs, s'est permis d'altérer les faits ; lorsqu'en les altérant il conduisait à l'échafaud un homme que tout recommandait à l'intérêt de la société, ne devais-je pas m'élever avec force contre cette distraction ou cet oubli du devoir? J'ai regret que le nom d'un homme constitué en dignité vienne se placer ici sous ma plume ; mais puisqu'on m'y oblige, je dirai que dans toute cette affaire M. Siméon a déployé un esprit de prévention et d'hostilité que je n'attendais ni de son caractère connu, ni de la maturité de son âge, ni de ses lumières.

Dois-je ajouter que lorsque j'adressai à M. Siméon un exemplaire de la pétition de la famille Lesurques et de la notice historique que j'y avais jointe, M. le Comte Siméon, sans faire de réponse, en ordonna, le 7 décembre dernier, le renvoi au Directeur général de la police? La police! dans une cause aussi sainte que celle que je défendais! La police! et que pouvait avoir cette affaire de commun avec la police?

Avant de publier mon mémoire, je crus devoir demander un entretien à M. Siméon, et je me plais à lui rendre ce témoignage, que dans une lettre très-polie il me répondit qu'il n'aurait rien à me dire de plus que les faits contenus dans son rapport; que d'ailleurs il désirait sincèrement que je trouvasse des preuves propres à justifier la mémoire de Lesurques et consoler sa famille (1).

Après cette digression, que je n'ai placée ici qu'à regret, je reviens à mon sujet, et pour mettre plus d'ordre dans mon travail, je vais discuter séparément et sous des titres particuliers tous les points dont se compose le rapport de M. le Baron Zangiacomi.

Pièces du procès. Ont-elles été examinées avec attention et impartialité ?

Quel plus digne sujet de l'attention d'un magistrat intègre et éclairé, que l'examen d'une cause qui intéresse la société toute entière ? où il s'agit de décider si l'honneur doit être restitué à un homme qu'on a injustement privé de la vie ? à un père qu'on a enlevé à ses enfans, à un époux qu'on a séparé de son épouse ?

Les pièces du procès du malheureux Lesurques se lient à cinq procès différens, qui tous se rapportent à l'assassinat du courrier

(1) J'avais le dessein de faire de M. Siméon un protecteur à la famille Lesurques. Ce rôle me paraissait digne d'une âme élevée et bienfaisante.

de Lyon. Elles demandent une grande attention, une patience presque sans bornes, une grande habitude de rapprocher et de comparer des idées éloignées, de distinguer des apparences de la vérité, la vérité elle-même.

J'ai employé un mois entier à les lire et à les faire extraire. Je ne crois pas qu'il me soit échappé la moindre erreur. M. Zangiacomi les a-t-il examinées avec le même soin, avec le même zèle? J'ai lieu d'en douter. Des traces fréquentes d'inattention me frappent dans le cours de son travail. Il nomme constamment *Dutrochat* le brigand qui s'était placé dans la voiture du courrier pour l'assassiner : son véritable nom est *Durochat.* Il suppose (page 36) que Richard a été condamné à mort, quoiqu'il n'ait été condamné qu'à la peine des fers. Il transforme M. Girodet en *Procureur général* auprès du tribunal criminel de Versailles, quoique M. Zangiacomi sache très-bien que sous le régime du Directoire, il n'y avait point de procureurs généraux, et qu'il connaisse assez la hiérarchie judiciaire pour savoir qu'à cette époque il ne pouvait y avoir qu'un accusateur public et un commissaire du gouvernement auprès du tribunal de Versailles. Mais peut-être fallait-il écarter tout ce qui pouvait rappeler ces temps malheureux;

et le titre de *procureur général* a paru plus propre à capter la confiance du lecteur.

Mais j'aurai tant d'autres remarques à faire sur le travail de M. le Conseiller Zangiacomi, que je passe volontiers sur ces fautes légères.

Je suppose qu'il ait apporté dans l'examen des actes du procès le même scrupule, la même religion, la même crainte de se tromper que l'auteur du mémoire justificatif, comment se fait-il qu'ils soient arrivés l'un et l'autre à des résultats si opposés? C'est qu'ils n'ont pas procédé avec les mêmes vues, les mêmes intentions; c'est qu'ils n'ont pas été animés des mêmes sentimens, qu'ils ne combattent pas pour les mêmes intérêts. L'auteur du mémoire défend les intérêts de la justice; le rapporteur du Conseil d'Etat, les intérêts des juges.

Quand des magistrats se sont laissé emporter par de funestes préventions, quand le sang innocent a coulé sur l'échafaud par suite de leurs déplorables erreurs, quand ces erreurs sont de nature à produire un cri d'indignation ou de pitié, si vous voulez constater ce fait déplorable, si vous voulez rendre à l'innocence immolée la justice qui lui est due, ne vous adressez point aux magistrats contemporains de ce malheureux événement. L'honneur de leurs collègues leur est trop cher ; il leur en coûterait trop pour révéler les fautes qu'ils ont commises. Les magistrats, les hommes d'Etat, tous ceux qui forment une corporation, sont en quelque sorte solidaires entre eux : quelque principe d'équité que l'on puisse supposer dans leur cœur, la faiblesse humaine ne perd rien de ses droits. Il est pénible d'avouer une erreur quand elle a coûté la vie, l'honneur et la fortune à un époux chéri de son épouse, à un père tendrement aimé de ses enfans, à un citoyen estimé de ses concitoyens.

Dans le trop célèbre procès de Lesurques, les tribunaux sont courbés sous le poids d'un reproche accablant. « Vous aviez, leur dit-on, « cinq coupables à punir, vous en avez en-« voyé sept à l'échafaud ; vous avez donc « immolé deux victimes innocentes ? »

Ce reproche terrible repose sur un fait constant, irrécusable, qu'aucun détour, aucun artifice ne saurait anéantir. L'acte d'accusation, tous les témoins, toutes les recherches, toutes les informations ne présentent que cinq coupables. Ce fait a été mis hors de doute dans tous les mémoires qui ont été produits dans cette malheureuse affaire : on ne saurait soutenir le contraire sans renverser tous les fondemens de la certitude humaine, sans fouler aux pieds tous les actes de la procédure.

« Par quelle fatalité, par quelle horrible méprise sept têtes sont-elles tombées au lieu de cinq? Répondez, juges qui avez présidé au malheureux procès de Lesurques. Nous vous demandons compte, peuvent dire les familles des condamnés, nous vous demandons compte du sang de deux victimes. » Que répondre à cette terrible interpellation? Les juges en ont senti toute la force, et nous verrons bientôt que toutes les fois que quelques-uns d'entre eux ont été chargés d'examiner le procès de Lesurques, ils ont été moins occupés de découvrir son innocence que de justifier ceux qui l'ont condamné.

Il en est de même de l'homme d'Etat. Il voit avant tout l'intérêt du gouvernement qui l'emploie et d'où lui viennent crédit, dignités, richesses : sa première pensée est de se conserver dans la faveur du prince, et dans cette intention, que ne justifie que trop la faiblesse du cœur humain, il se fait des principes conformes à sa situation, se crée des devoirs et une conscience de convention, et quand le conflit s'élève entre la justice naturelle et la raison d'état, il est bien rare que la première ne succombe pas; et c'est là ce qui peut servir à expliquer les deux rapports que je vais examiner.

Rapports de MM. DE COLLENEL *et* GIRODET.

En 1806, lorsque les sceaux étaient entre les mains de M. Regnier, Grand-Juge et Ministre de la justice, les héritiers de l'infortuné Lesurques présentèrent une requête pour obtenir la réhabilitation de sa mémoire. Napoléon ordonna qu'on lui fit un rapport, et le grand-juge en chargea M. Girodet, procureur impérial à Versailles. Ce magistrat avait pris part aux procédures contre Durochat, Vidal et Dubosq. Il était plus qu'un autre en état d'éclairer la religion du grand-juge et celle de Napoléon, si toutefois ils voulaient être éclairés.

L'innocence de Lesurques avait été en quelque sorte proclamée à Versailles. Elle l'avait été précédemment à Melun. Je suis obligé de rapporter ici ce que j'ai déjà dit dans le mémoire pour Lesurques.

Lorsque Dubosq et Vidal furent présentés au jury d'accusation, le Directeur, après avoir rappelé les jugemens qui condamnaient à mort Courriol, Durochat et Bernard, dit:

« La justice n'a point à se plaindre de sa

« sévérité envers eux. Le crime des deux « premiers n'est pas douteux ; ils ont l'un et « l'autre participé à l'horrible assassinat du « courrier de Lyon. Si Bernard n'a pas eu à « se reprocher le même crime, on ne saurait « laver sa mémoire d'avoir partagé avec eux « les fruits de leur forfait.

« Il n'en est pas de même des sieurs Guesno « et Lesurques. Le premier n'a été poursuivi « que par l'effet d'une extraordinaire ressem« blance avec Vidal ; mais il n'a pas suc« combé. POURQUOI FAUT-IL QU'UNE CIRCONS« TANCE SEMBLABLE AIT COUTÉ LA VIE ET « L'HONNEUR AU MALHEUREUX LESURQUES ? « AUJOURD'HUI CE N'EST PLUS LUI DONT LA « SOCIÉTÉ RÉCLAME LE CHATIMENT ; C'EST « DUBOSQ. »

Lorsque de Melun Dubosq et Vidal furent renvoyés au tribunal de Versailles, le Directeur du jury s'exprima presque dans les mêmes termes. Après avoir exposé les circonstances de la première procédure et rappelé le jugement qui condamnait à mort Durochat et Courriol, il ajouta : « A leur égard la justice « a acquis la certitude de n'avoir puni en eux « que des coupables : mais elle est loin d'avoir « la même confiance dans le jugement qui a « puni Lesurques. On a lieu de douter s'il a été

« puni justement, ou s'il n'a été qu'une mal-
« heureuse victime du concours de plusieurs
« circonstances funestes propres à le rendre
« suspect, et surtout d'une fatale ressem-
« blance avec Dubosq. LA JUSTICE S'OCCUPERA
« SANS DOUTE D'ÉCLAIRER, DANS DES TRIBU-
« NAUX COMPÉTENS, UN DOUTE FUNESTE A LA
« SOCIÉTÉ. »

M. Girodet ne pouvait ignorer ces particularités; elles étaient rappelées dans la requête rédigée par M[e]. Caille, avocat, et présentée à l'Empereur Napoléon, par la famille du malheureux Lesurques. Elles avaient fait sur tous les juges de Versailles et parmi tous les citoyens de cette ville une extraordinaire impression, et l'on a lieu de croire que M. Girodet n'y fut point étranger.

Quel changement subit s'opéra donc en lui? comment se détermina-t-il à rédiger un travail dont le résultat était de remettre en question l'innocence du malheureux Lesurques et de repousser la supplique de sa famille? S'il pensait que l'état de notre législation s'opposait à la révision des procès criminels, ne pouvait-il pas se contenter d'examiner le point de droit? et s'il se croyait obligé de maintenir les dispositions de notre code pénal, quelque imparfaites qu'elles soient, ne pouvait-il pas au moins offrir une consolation aux malheureux héritiers du condamné? Dix ans s'étaient écoulés depuis le jour fatal qui l'avait privé de la vie: depuis ce temps, par un acte d'une incroyable iniquité, tous ses biens étaient entre les mains du fisc ; la veuve, les enfans de la déplorable victime languissaient dans la misère: ne pouvait-il pas au moins instruire le Gouvernement de cette indigne violation des lois, appeler la pitié sur une mère dont les yeux s'usaient dans la douleur et les larmes? Quel honorable ministère que d'appeler la puissance au soulagement de l'infortune, que de l'avertir de ses erreurs !

Hélas ! ou ces pensées ne se présentèrent point à M. Girodet, ou il n'osa les exprimer. Que je crains de pénétrer dans les honteux secrets de ces temps d'opprobre et de rapine, où la volonté d'un homme faisait toutes les lois, son intérêt toute la justice, où la crainte tenait toutes les ames courbées dans un indigne avilissement. L'esprit d'avarice, qui distinguait cette époque malheureuse, osa-t-il mêler ses lâches inspirations aux pensées du magistrat? Ne lui dît-on pas que si l'on écoutait les plaintes de la veuve et des orphelins, *on aurait beaucoup à rendre?* J'ai entendu proférer ce mot, et cette indigne considération avait alors tant de pouvoir! Elle ne l'a pas encore perdu entièrement.

Quoiqu'il en soit, M. Girodet obéit: il avait sous les yeux un excellent modèle; c'était le rapport fait au Conseil des Cinq-Cents, par M. Siméon; il le suivit religieusement: mais ce rapport, fait avant la déclaration et le supplice de Durochat, avant le jugement de Vidal, de Dubosq et de Roussy, n'expliquait pas comment on avait pu tuer sept personnes pour en punir cinq; on ne pouvait s'en servir pour répondre à cette terrible et inévitable objection. Il fallut alors que le nouveau rapporteur tirât des moyens de son propre fonds; l'examen des pièces du procès n'en fournissait aucun, et tant que l'on ne présentait dans ces débats que cinq coupables, on ne pouvait échapper à ce terrible dilemme, ou Lesurques est innocent, ou vous avez fait périr Dubosq injustement. Or, on ne doutait nullement que Dubosq n'eût péri très-justement.

Il fallait ici un esprit d'invention et de ressources. Que fit le rapporteur? Il découvrit dans les premières dépositions reçues à Melun, et renouvelées depuis à Versailles, qu'un pauvre paysan nommé Champeaux, et sa femme, espèce d'imbécille, avaient déclaré qu'après le passage des quatre assassins du courrier de Lyon, deux voyageurs s'étaient arrêtés un instant dans leur cabaret, leur avaient demandé si la route était sûre et à quelle auberge ils pouvaient descendre à Melun.

M. Girodet conçut alors le projet de faire de ces deux voyageurs deux assassins et deux voleurs. Ils avaient dit, à la vérité, qu'ils n'étaient nullement de la société de ceux qui les avaient précédés; mais qu'importe? on n'était pas obligé de les en croire. Voilà donc le rapporteur qui bâtit, sur ce plan, une nouvelle histoire de l'assassinat du courrier de Lyon; ce ne sont plus cinq hommes qui l'ont arrêté et tué, mais sept. En vain direz-vous que tous les témoignages n'en indiquent que cinq, que la procédure n'est instruite que contre cinq, que l'acte d'accusation, base irrécusable et sacrée de tout jugement criminel, n'en désigne à la justice que cinq; que tous les coupables qui ont avoué leur crime ont déclaré unanimement qu'ils n'étaient que cinq, que le partage s'est fait entre cinq; M. Girodet vous répondra: il m'en faut absolument sept; je ne puis me tirer d'affaire qu'avec ce compte; et c'est en effet sur ce compte qu'est fondé tout le rapport de M. Girodet. J'avais besoin de rappeler ces circonstances, parce que c'est aussi sur ce compte que M. Zangiacomi a fondé le sien. Mais ces Messieurs ont-ils atteint le but qu'ils se proposaient? ont-ils réellement vengé l'honneur de ceux qui ont immolé sept accusés au lieu de cinq? Nous examinerons bientôt cette question; il faut avant s'occuper des faits.

Exposition des Faits.

M. le Baron Zangiacomi n'a consacré que quatre lignes au récit des faits qui ont accompagné l'horrible assassinat du courrier de Lyon: cependant ce sujet est si grave, les circonstances qui s'y rapportent sont d'un si haut intérêt et jettent un si grand jour sur l'ensemble du procès, que nous demanderons à M. Zangiacomi la permission de les reproduire avec plus d'exactitude et de détails.

Lorsque cet affreux attentat eut été consommé, que le bruit s'en fut répandu dans la capitale, qu'il y eut causé un grand effroi, le Gouvernement, pour fixer toutes les incertitudes, dissiper toutes les rumeurs, fit exposer le fait d'une manière officielle dans le journal de Paris. Voici ce qu'on y lit :

« Les assassins du courrier de Lyon étaient « au nombre de *cinq*, dont un avait pris place « à côté de lui dans sa voiture; les quatre « autres étaient partis le matin de Paris; « ils étaient tous à cheval : trois d'entre eux « avaient chacun une valise vide, le quatrième « *en avait deux*. On les a vus passer à Ville- « neuve-Saint-Georges: c'était des jeunes gens « bien mis (1). Arrivés au lieu désigné, ils se « sont cachés dans l'épaisseur des bois, en « attendant l'arrivée de la malle. Au moment « convenu pour l'assassinat, le scélérat qui « était dans la voiture s'est jeté sur le courrier « et lui a donné, en même temps, un coup de « poignard dans le cœur et un coup de rasoir « à la gorge; le tout avec une telle célérité « que le postillon ne s'en est pas aperçu : le « courrier n'a pu jeter un seul cri. Cependant « les *quatre complices* se sont avancés et ont « obligé le postillon à conduire la voiture à « cinq cents pas environ de la grande route; « c'est là qu'ils ont assassiné ce dernier de plu- « sieurs coups de sabre, dont un lui a ouvert le

---

(1) Le Gouvernement voulait faire croire que c'était des royalistes.

« crâne, après quoi ils ont dévalisé la malle.
« Cette expédition faite, celui qui était venu
« dans la voiture est monté sur le cheval de
« selle du postillon, et *tous cinq* ont repris la
« route de Paris : on les a vus repasser par
« Villeneuve-Saint-Georges. Le cheval du pos-
« tillon a été retrouvé à la place du Carrousel,
« où il est resté attaché la journée entière.
« Les voisins, voyant que personne ne le
« réclamait, en ont averti la police, qui,
« d'après quelques soupçons, en a donné
« connaissance au maître de poste; celui-ci
« a en effet reconnu son cheval. *On peut*
« *regarder ces faits comme certains.* »

Ces faits se trouvèrent, en effet, bientôt confirmés par les informations judiciaires, et lorsque le Directeur du jury de Melun se crut en état de dresser son acte d'accusation, il les exposa à-peu-près de la même manière.

« Il était environ huit heures et demie, dit
« l'acte d'accusation, lorsque le courrier de
« Lyon partit de Lieursaint. A trois quarts de
« lieue de là, *quatre hommes à cheval* ar-
« rêtent le postillon, et après avoir détourné
« les chevaux, lui ouvrent le crâne d'un coup
« de sabre, lui abattent une main et lui percent
« le corps de trois coups mortels : le courrier
« reçoit trois coups de poignards; l'assassin

« lui coupe le col. Ce ne fut que le lendemain, « entre quatre et cinq heures du matin, qu'on « apprit cet évènement.

« Le jour même de l'assassinat, on avait « vu sur la route de Melun *quatre* individus « à cheval; entre midi et une heure un « d'entre eux était descendu à l'auberge de « Montgeron, tenu par le sieur Évrard: il « avait d'abord demandé à dîner pour lui seul, « était ensuite sorti plusieurs fois devant la « porte, regardant attentivement sur la route, « était rentré et avait demandé à dîner pour « *quatre;* trois hommes, montés à cheval, « arrivèrent en effet. Après dîner, deux « d'entre eux avaient demandé des pipes, et « ils étaient allés tous *les quatre* prendre du « café chez la dame Châtelain.

« A trois heures ils étaient remonté à « cheval, s'avançant très-lentement vers « Lieursaint; arrivés dans ce village, l'un « d'eux descendit chez la veuve Feuillet, « les trois autres s'arrêtèrent chez le sieur « Champeaux, aubergiste de Lieursaint; un « des trois vint appeler par la fenêtre celui qui « buvait chez la veuve Feuillet. Ce dernier « demanda à l'aubergiste de faire ferrer son « cheval et alla avec lui chez le sieur Motteaux, « maréchal ferrant; il se promena ensuite à

« pied avec celui qui était venu le chercher, « ce qui les fit remarquer par plusieurs té- « moins. Enfin, ils remontèrent à cheval « entre sept heures, sept heures et demie; « ils s'avancèrent lentement sur la route de « Melun, lorsque l'un d'eux s'aperçut qu'il « avait oublié son sabre à Lieursaint, retourna « sur ses pas pour le reprendre, le trouva en « effet dans l'écurie, but un verre d'eau-de- « vie, fit précipitamment brider son cheval, « et repartit au grand galop. *En ce moment le « courrier arrivait à Lieursaint et relayait. « Il était à-peu-près huit heures et demie.*

« Après l'assassinat et le partage des effets « volés, les assassins reprirent la route de « Paris, Laborde (1) montant le cheval de « volée du postillon tué. Vers une heure du « matin, deux personnes, l'officier et la sen- « tinelle de garde à Villeneuve-St.-Georges, « les virent passer *tous les cinq*. Ils entrèrent « à Paris entre quatre et cinq heures du matin, « par la barrière de Rambouillet.

« La police fit des recherches actives et « parvint à découvrir que le neuf floréal, « (28 avril) un individu ramena entre quatre

(1) Durochat avait pris sur son passeport le nom de Laborde. Son nom véritable était Véron.

« et cinq heures du matin, *quatre chevaux*
« chez un sieur Muiron, rue des Fossés-
« Saint-Germain-l'Auxerrois, et que vers
« sept heures il vint les reprendre avec un
« autre individu. Le cheval du postillon fut
« trouvé abandonné sur la place du Car-
« rousel. »

Tels sont les faits constans, irrévocables, qui ont accompagné l'assassinat du courrier de Lyon. Examinons cependant s'il est vrai qu'il n'y eut que cinq assassins, et s'il n'est pas possible d'en porter le nombre à sept.

Du nombre des assassins qui coopérèrent au meurtre du courrier de Lyon.

Cette question est ici d'un haut intérêt, et j'ai besoin de la discuter avec la plus sérieuse attention. S'il est prouvé que les assassins étaient au nombre de sept, l'honneur des tribunaux criminels est en partie sauvé ; on ne pourra plus les accabler de ce reproche sanglant : cinq hommes étaient coupables, et vous en avez tué sept. On ne pourra plus dire l'innocence de Lesurques est démontrée, puisque l'on pourra répondre : s'il n'était pas du nombre des cinq assassins formellement désignés dans la procédure, il pouvait être du nombre des deux suffisamment indiqués par la déposition de deux témoins.

Dans le mémoire précédent, cette question a déjà été discutée avec soin, et j'ose croire qu'elle a été résolue d'une manière si claire, si positive, qu'il ne saurait rester le plus léger doute à cet égard. Mais puisque M. Zangiacomi, ou n'a pas lu ce mémoire, ou feint de ne l'avoir pas lu, ou n'a point été convaincu, ou n'a pas voulu l'être, je reviens ici malgré moi sur un sujet déjà traité et presque épuisé.

Voyons donc de quelle manière, avec un esprit subtile et l'art de manier le sophisme, on peut lutter contre une vérité démontrée.

« Un point important dans cette affaire, « dit M. Zangiacomi, est de rechercher quel « a été le nombre des individus qui ont pris « part à l'assassinat du courrier de Lyon. « Il paraît certain qu'il y avait d'abord une « bande de quatre hommes qui s'étaient pro- « curé des chevaux à Paris; qu'ils partirent « de cette ville dans la matinée, arrivèrent « vers midi à Montgeron, où ils dînèrent et « prirent le café; qu'ils remontèrent à cheval « vers trois heures, se rendirent à Lieursaint, « où ils s'arrêtèrent à l'auberge de Cham- « peaux, se promenèrent ensuite dans le « village, s'informant d'un air *inquiet et sou-*

« *cieux* de l'heure à laquelle la malle arrivait ;
« enfin, qu'ils partirent vers sept heures et
« demie du soir pour aller l'attendre plus loin.

« Jusqu'ici on ne compte que cinq per-
« sonnes ; le voyageur qui était dans la malle
« et les quatre cavaliers qui s'arrêtèrent à
« Montgeron, et plus tard à Lieursaint : mais
« il paraît CERTAIN, D'APRÈS LA PROCÉDURE,
« que deux autres étaient associés à cette
« criminelle entreprise.

« On en trouve la PREUVE dans deux dépo-
« sitions faites par Champeaux et sa femme,
« en l'an IV (1), devant le Juge de paix de
« Paris, et réitérées en l'an VI (2), devant
« le Directeur du jury de Pontoise.

« Il résulte de ces dépositions, qu'après
« que les quatre hommes, dont j'ai parlé pré-
« cédemment, furent sortis de chez Cham-
« peaux, il en vint deux autres *armés comme*
« *eux de pistolets*, sans aucun motif apparent
« de voyage. La première idée de Champeaux
« fut que ces deux particuliers étaient de la
« compagnie de ceux qui les avaient précédés.
« A la question qui leur fut faite, ils répon-
« dirent que non ; mais ils demandèrent si

(1) 1796.
(2) 1798.

« l'on parlait sur la route de vols et d'assas-
« sinats. Oui, dit Champeaux, il en a été
« récemment commis un; mais heureuse-
« ment les assassins sont arrêtés. Sur quoi
« ces deux particuliers, en se regardant, ont
« répondu par deux fois : *voilà ce que c'est;*
« *voilà ce que c'est.* Ils demandèrent ensuite
« à Champeaux s'il reconnaîtrait bien, après
« quinze jours ou un mois, la physionomie de
« ceux qu'il venait de leur dire avoir passé
« à quatre heures chez lui. Après avoir passé
« chez Champeaux *tout au plus une demi-*
« *heure,* ils ont continué leur route du côté
« de Melun, après avoir demandé une bonne
« auberge en cette ville, demande que les
« quatre autres avaient aussi faite. Sur quoi
« les deux hommes dirent : eh bien! nous
« allons rejoindre les quatre citoyens dont
« vous parlez.

« Les procès-verbaux qui renferment ces
« dépositions, ajoute M. Zangiacomi, sont
« des actes authentiques du procès; ils ne
« peuvent en être séparés. Je les ai fait con-
« naître avec détail, parce qu'il en résulte
« *clairement,* ce me semble, que ces deux
« hommes armés comme les quatre autres,
« aussi suspects qu'eux, cheminant à leur
« suite, craignant qu'ils ne fussent reconnus.

« et allant les rejoindre, forment une seule
« et même bande, et par conséquent qu'elle
« ÉTAIT FORMÉE DE SEPT INDIVIDUS, en y
« comprenant celui qui voyageait dans la
« malle. »

Ici M. Zangiacomi s'arrête, satisfait de lui-même, et persuadé que sa thèse est démontrée. Je ferai d'abord observer que M. Zangiacomi a cru devoir embellir son récit. Il représente les quatre assassins se promenant à Lieursaint et s'informant, *d'un air inquiet et soucieux*, de l'heure à laquelle la malle arrivait : ces détails sont de l'invention de M. Zangiacomi ; loin que ces scélérats, familiarisés avec le crime, marchassent *d'un air inquiet et soucieux*, plusieurs témoins les représentent comme faisant caracoler leurs chevaux sur la route, et paraissant plutôt s'amuser que voyager.

En parlant des deux voyageurs qui survinrent après le départ des quatre premiers, M. Zangiacomi les arme, de sa propre munificence, *de deux pistolets*, comme ceux qui les avaient précédés. La déposition de Champeaux et celle de sa femme ne font aucune mention de cette circonstance. Dans le cours du procès, Madelaine Bréban a dit, à la vérité, que Courriol avait, avant son départ, pris ses pistolets ; mais on ne voit nulle part que les autres se fussent munis de la même arme ; et les détails de l'assassinat prouvent qu'ils ne s'en servirent pas.

Je relève ces fautes légères, parce qu'elles sont celles d'un magistrat, et qu'elles se rapportent à une cause où tout doit être sacré, jusqu'aux moindres détails. Il est évident pour toute personne qui voudra lire attentivement le rapport de M. Zangiacomi, qu'en soutenant la coopération de sept brigands à l'assassinat du courrier de Lyon, il est loin d'être convaincu lui-même. Son assertion est démentie par des pièces si positives et par des témoignages tellement irrécusables, qu'il est impossible de vouloir la soutenir sérieusement. Le récit inséré dans le journal de Paris, par ordre du Gouvernement, est formel : « *Les assassins* « *du courrier de Lyon étaient au nombre de* « *cinq*, dont un avait pris place à côté de lui. « Les quatre autres étaient à cheval : *trois* « *avaient chacun une valise; le quatrième en* « *avait deux*. Après l'assassinat, celui qui « était venu dans la voiture est monté sur le « cheval de selle du postillon, et *tous cinq* « ont repris la route de Paris ; on les a vus « repasser par Villeneuve-St.-Georges. »

Le journal de Paris va plus loin encore ;

il assigne à chacun le rôle qu'il a joué dans cette exécrable tragédie.

« Au moment convenu pour l'assassinat, « le scélérat qui était dans la voiture s'est « jeté sur le courrier et lui a donné un coup « de poignard dans le cœur et un coup de « rasoir à la gorge. *Les quatre autres* se sont « avancés et ont obligé le postillon à conduire « la voiture à cinq cents pas environ; c'est là « qu'ils ont assassiné ce dernier à coups de « sabre. »

Ici il n'y a pas moyen de tergiverser; on ne saurait introduire deux acteurs de plus, à moins de les représenter comme spectateurs bénévoles.

L'acte d'accusation n'est pas moins formel que le journal de Paris.

« *Quatre hommes à cheval* arrêtent le « postillon, et après avoir détourné les che- « vaux, lui ouvrent le crâne d'un coup de « sabre, lui abattent une main et lui percent « le corps de trois coups mortels. Le courrier « reçoit un coup de poignard et l'assassin lui « coupe le col. »

Que faisaient en ce moment les deux assassins de M. Zangiacomi? Nous le prions de vouloir bien nous l'apprendre. L'acte d'accusation ajoute:

« Le jour même de l'assassinat on avait vu,
« sur la route de Melun, *quatre* individus
« à cheval; un d'entre eux arrivé à Montgeron, avant les autres, avait demandé à
« dîner pour *quatre*, et *trois hommes* montés
« à cheval arrivèrent en effet. Après dîné
« ils étaient allés, *tous les quatre*, prendre
« du café chez la dame Châtelain; après
« avoir passé quelque temps à Lieursaint, ils
« remontèrent à cheval et s'avancèrent lentement sur la route de Melun.

« Après l'assassinat Laborde monta le
« cheval de volée du postillon tué. L'officier
« et la sentinelle de garde à Villeneuve-Saint-Georges les virent passer *tous les*
« *cinq*. La police apprit le lendemain qu'un
« individu avait ramené *quatre chevaux* chez
« le sieur Muiron, entre quatre et cinq heures
« du matin. Le cheval du postillon fut trouvé
« abandonné sur la place du Carrousel. »

Les faits sont-ils clairs, positifs? M. Zangiacomi a-t-il quelque chose à leur opposer? Sa fable des sept assassins peut-elle se soutenir contre des autorités aussi irrécusables, contre un acte d'accusation, base inviolable de toute procédure criminelle? M. Zangiacomi s'appuie du rapport de M. Girodet, qu'il appelle *officiel;* mais y a-t-il rien de plus officiel qu'un acte d'accusation? Cependant j'ai d'autres témoignages à lui opposer.

Je prends la déclaration très-officielle de Durochat faite devant M. Daubanton, et par conséquent avant qu'il fût condamné, et j'y trouve :

« 1°. Que c'était un homme employé à « la poste, chargé alors des dépêches pour « Brest, qui donnait, dans ce temps, les vols « des courriers ;

« 2°. Que ce n'était pas le courrier de Lyon « qui devait être volé, mais bien celui de Brest. « Que lui Durochat, et plusieurs autres, « s'étaient tenus plusieurs jours sur la route « de ce courrier qui n'avait pas été volé, « parce qu'ils avaient été avertis, à plusieurs « reprises, que ce courrier n'était pas chargé « considérablement, attendu qu'il passait « ordinairement à travers les chouans qu'on « craignait beaucoup alors ;

« 3°. Que ce même homme n'a pas donné « l'affaire de Lyon ; que c'est le nommé Du- « bosq qui est venu le trouver, lui et Vidal, « dans la rue de Rohan ; que ce fut Dubosq « qui l'engagea à monter dans la voiture, et « lui arrangea un passeport où il substitua le « nom de Laborde à celui de Véron ;

« 4°. Que Roussy, (dit Ferrari, dit Berol-

« dy), Courriol, Dubosq et Vidal, arrivés à « l'endroit où le courrier a péri, Courriol, « en arrêtant le postillon, lui avait porté un « coup de sabre; que l'action ayant été « engagée, le courrier avait été poignardé et « égorgé;

« 5°. Qu'étant de retour à Paris, ils se sont « rendus chez Dubosq, rue Croix-des-Petits-« Champs, où le partage a été fait; qu'il sait « que Dubosq est à Paris avec sa femme; « que Roussy était à Milan; que Vidal était « actuellement arrêté pour une autre affaire. »

Comparons cette déclaration avec le récit du journal de Paris et l'acte d'accusation; est-il un fait plus clairement établi, plus évidemment démontré? Nous savions par les deux premiers documens, que les acteurs de cette horrible scène étaient cinq; nous les avions vu jouer leur exécrable rôle, mais nous ne savions pas leur nom; ici rien ne nous manque, et ce témoignage est d'autant plus précieux, qu'il est identique avec celui de Courriol, condamné et exécuté plusieurs mois auparavant; qu'il s'accorde avec les dépositions de Madelaine Bréban et de tous les témoins qui avaient eu quelques relations avec les assassins.

M. Zangiacomi ne craint pas de dire dans

son rapport: « *Il paraît certain, d'après la* « *procédure, que deux autres personnes étaient* « *associées à cette criminelle entreprise.* »

Il résulte au contraire, de toute la procédure, que ces deux personnes n'avaient rien de commun avec les quatre autres, et que loin de s'arrêter à la déposition de Champeaux et de sa femme sur le passage de ces deux personnes, on ne dirigea aucune poursuite contre elles, qu'on ne fit aucune recherche, aucune information. Je ne trouve, à leur égard, dans l'acte d'accusation, que ce passage, auquel le directeur ne paraît point attacher d'importance:

« Peu de temps après le départ des quatre « cavaliers, deux personnes descendirent chez « Champeaux, demandèrent si la route était « sûre, où était l'auberge de la Galère? Elles « partirent peu avant l'arrivée de la malle. « Champeaux et sa femme croient reconnaître « ces deux individus dans les personnes de « Bruer et de Bernard. »

La procédure est donc muette à l'égard de ces deux individus. On ne les voit reparaître nulle part; on ignore ce qu'ils sont devenus: ils sont partis peu de temps avant l'arrivée du courrier; c'était le moment où l'un des assassins revenait chercher son sabre, et comment ne s'est-il point trouvé avec eux? comment n'a-t-on point interrogé les coupables sur ces deux individus? comment n'a-t-on pris, à leur sujet, aucune information, ni à Melun, ni dans les communes voisines? Relisez les interrogatoires des accusés, relisez l'instruction faite à Melun, l'instruction faite à Paris, la première instruction faite à Versailles, vous ne trouverez pas un mot qui se rapporte à ces deux individus. D'où vient cette indifférence? Ils ne sont point rentrés à Paris avec les cinq autres; on ne les a point vus à Villeneuve-Saint-Georges; ils ne se sont point réunis chez Dubosq avec leurs complices pour assister au partage.

Ici les argumens se multiplient, se pressent, confondent, anéantissent le compte de M. Girodet et de M. Zangiacomi.

Si les assassins étaient au nombre de sept, pourquoi la justice n'en a-t-elle jamais poursuivi que cinq? Pourquoi Courriol n'en a-t-il désigné que cinq? Pourquoi Durochat et Beroldy n'en ont-ils désigné que cinq? Ces trois misérables ont avoué leur crime; ils se sont déclarés bien jugés: le témoignage de gens qui ont la bonne foi de se reconnaître coupables ne mérite-t-il aucune créance? Courriol était mort quand Durochat a fait sa déclaration; Durochat était mort quand Roussy (ou Beroldy) a fait sa déposition. Ils étaient morts à de longs intervalles; ils ne pouvaient donc pas s'entendre.

Que leur en coûtait-il de nommer tous leurs complices, puisqu'ils en nommaient cinq? Pourquoi ne leur est-il pas échappé un seul mot qui pût se rattacher à l'apparition de ces deux mystérieux individus?

Si maintenant M. Zangiacomi s'attache avec tant d'affection à la déposition de Champeaux et de sa femme, s'il en rapporte, avec tant de soin et d'intérêt, jusqu'aux moindres détails, s'il attache une si haute importance au passage de ces deux voyageurs, est-ce dans l'unique intérêt de la vérité et de la justice? N'est-ce pas afin d'y trouver un moyen d'excuse pour les tribunaux qui ont fait tomber sept têtes au lieu de cinq? N'est-ce pas pour éloigner les preuves nombreuses qui s'élèvent en faveur de l'infortuné Lesurques?

Mais je dirai à M. Zangiacomi : est-il juste, est-il permis de chercher, hors des actes du procès, des motifs, ou d'accusation, ou de présomption contre cette malheureuse victime? Est-il permis de se servir d'une circonstance fortuite dont les magistrats n'ont tenu aucun compte, pour infirmer l'autorité d'une procédure régulière, pour opposer un fait équivoque et incertain à des faits positifs et démontrés ?

Si au lieu de sept individus, la justice en eût fait périr dix, en eût fait périr vingt, en eût fait périr cinquante, serait-elle bien reçue à dire pour s'excuser : mais ce jour-là plus de soixante personnes ont passé sur la route de Melun ; toutes pouvaient avoir coopéré au meurtre du courrier de Lyon, et par conséquent l'on pouvait leur couper la tête à toutes, pour plus de sûreté ?

Qui ne sentirait toute l'horreur et l'absurdité d'une pareille conséquence ! Cependant elle est en tout semblable au raisonnement de M. Zangiacomi. Dans le procès de Dubosq, le Directeur du jury a dit : « On est généra- « lement imbu de l'idée que les assassins « étaient au nombre de cinq ; *cependant ils* « *pouvaient être sept.* » Le Directeur du jury n'exprime ici qu'un doute ; M. Zangiacomi en fait un point constant et avéré. *Il paraît certain,* dit-il, *que deux autres personnes étaient associées à cette criminelle entreprise. On en trouve la preuve*, etc.

Je ne sais si dans un long exercice des fonctions de la magistrature, il est des personnes qui contractent une périlleuse familiarité avec l'exercice et la sainteté de leurs devoirs, si l'habitude de voir les hommes plus souvent sous la livrée des passions et du vice que sous les nobles ornemens de la vertu, les disposent à les considérer plutôt comme coupables que comme innocens, s'ils s'accoutument à tenir avec plus de légèreté et moins de scrupule cette balance d'équité que la société leur a remise entre les mains pour sa garantie et sa sûreté : mais je me suis fait de la dignité de ces devoirs une idée si élevée, je les considère avec un si profond respect, que la moindre altération dans un fait, dans un mot, me semble une sorte de sacrilège. Le doute doit être le doute, la certitude certitude, la vérité vérité. Je me révolte contre ces consciences faciles qui se prêtent et s'assouplissent, suivant les circonstances, contre cette équité de convention qui voit les choses, non comme elles sont réellement, mais comme on désire qu'elles soient.

D'où viennent donc ces efforts de deux ou trois rapporteurs officiels pour donner à une affaire solennelle et importante une face qu'elle n'a pas, pour la couvrir d'une sorte de masque qu'il est si facile de faire tomber?

Quelle conséquence veut-on tirer, contre l'innocence de Lesurques, de l'apparition de deux voyageurs dont la justice ne s'est jamais occupée? N'est-il pas déjà démontré, par les actes cités précédemment, que les assassins du courrier de Lyon n'étaient qu'au nombre de cinq ; qu'on ne saurait trouver place, dans ce drame terrible, pour les deux acteurs qu'on veut y introduire? Et faut-il reproduire ici tout ce qui a été dit à ce sujet dans le mémoire justificatif?

Jean Chartrain a vu quatre hommes à cheval à une demi-lieue de Lieursaint. *Sureau* a vu ces quatre cavaliers le même jour à *sept heures du soir*. La dame *Evrard*, aubergiste à Montgeron, a donné à dîner à quatre cavaliers. La dame *Châtelain* leur a servi le café. *Un marchand de peaux de lapins* a vu aussi ces quatre cavaliers entre *sept et huit heures du soir* (1) ; un *marchand* de La Fère-Cham-

(1) Il y a certainement quelque-chose de fort louche dans la déposition de Champeaux et de sa femme sur les deux individus qui sont survenus après le départ des quatre premiers.

Ces quatre sont partis à sept heures et demie du soir: les deux autres sont donc venus après sept heures et demie ? Ils ne sont restés, d'après la déclaration des Champeaux, tout au plus qu'une demi-heure : ils sont donc partis à-peu-près à huit heures? Mais dans cet intervalle l'un des quatre est venu chercher son sabre, l'a trouvé dans l'écurie, et a bu de l'eau-de-vie : il a donc dû voir les deux voyageurs dont parlent Champenoise les a rencontrés près de Montgeron. Les femmes *Grosse-Tête*, *Santon*, le garçon d'écurie *Lafolie*, *Adrien Roger*, charretier, le sieur *Bernard*, instituteur, la dame *Bourgoin*, *Michel Hay*, *Laurent Charbault*, n'en ont vu que quatre. Chéron, domestique du juif Bernard, a vu louer quatre chevaux chez son maître. La présence du cinquième assassin dans la voiture du courrier est démontrée. Le crime a donc été commis par cinq complices. Il ne devait l'être que par cinq. Les quatre brigands à cheval ne s'étaient munis que de cinq valises. Le partage s'était fait entre cinq, et si Bernard y avait eu part, cette part était un salaire, non un partage. On avait saisi sur Courriol à peu près le cinquième des objets volés. Enfin, tous ceux des auteurs de cet horrible assassinat qui firent des aveux, déclarè-

---

peaux et sa femme ? D'un autre côté, Jean *Chartrain*, postillon chez M. Duclos, de Melun, conduisant à Lieursaint une voiture à deux chevaux, rencontre sur la route les quatre cavaliers ; à son retour de Lieursaint à Melun, il rencontre un de ces quatre courant au galop : comment ce même homme n'a-t-il pas rencontré les deux autres ? Les seules conjectures raisonnables à faire sur ces deux individus, ne serait-ce pas que c'était des gens timides, qui voyant la nuit survenir, effrayés du passage des quatre cavaliers, n'osèrent se hasarder sur la route et retournèrent chez eux ?

rent unanimement qu'ils étaient cinq. « Nous « étions cinq, dit Courriol, savoir : Roussy, « Dubosq, Durochat, Vidal et moi. Nous « étions cinq, répète Durochat : moi, Cour- « riol, Vidal, Dubosq et Roussy.

« Ils étaient cinq, dit Richard, savoir : « Courriol, Durochat, Dubosq, Vidal et « Roussy. Ils étaient cinq, dit la Bréban : Cour- « riol, Durochat, Vidal, Dubosq et Roussy. »

Tout cela a déjà été dit; mais puisque M. Zangiacomi n'en tient aucun compte, il faut bien le répéter. J'ignore quels sont les fondemens de sa foi en matière historique; mais il me semble que si jamais un fait a été démontré, c'est celui que les auteurs de l'assassinat du courrier de Lyon étaient cinq.

Mais enfin, accordons à M. Zangiacomi tout ce qu'il demande; supposons que les assassins étaient sept, cette concession sauvera-t-elle aux juges de ce malheureux procès le remords d'avoir fait tomber sept têtes au lieu de cinq? Non, rien ne pourra les acquitter. Il s'en suivra seulement que deux des sept coupables ont échappé aux recherches de la justice; qu'elle s'est égarée dans ses voies, et que pressée de frapper, elle a porté ses coups sur deux hommes dont l'un était innocent, et dont l'autre pouvait être complice du vol, mais non coupable de l'assassinat : car il est démontré que tous ceux qui ont été condamnés, l'ont été comme faisant partie des cinq assassins, aucun comme faisant partie des deux derniers.

Sur quelles dépositions Lesurques a-t-il été condamné? Sur celles de la *Santon*, de la *Grosse-Tête*, de *Lafolie*, qui étaient de Montgeron, et des deux Champeaux, qui étaient de Lieursaint. Or les trois premiers témoins n'ont jamais déposé que sur le fait des quatre cavaliers, parmi lesquels ils comprenaient Lesurques. Ils ne pouvaient pas déposer sur les deux dont parlaient Champeaux et sa femme, puisque ces deux n'avaient point été vus à Montgeron, mais à Lieursaint. Champeaux, en assurant qu'il reconnaît Lesurques, le comprend également dans les quatre, puisqu'il assure qu'il a raccommodé chez lui son éperon. Or c'était un des quatre qui portait des éperons. Champeaux et sa femme n'ont jamais indiqué Lesurques comme un des deux, mais comme un des quatre.

Laurent Charbault, celui dont la déposition est l'une des plus graves, a dîné à Montgeron avec les quatre cavaliers; il dit que celui dont Lesurques lui représente les traits avait des éperons façon d'argent et des bottes à la hussarde. Or ce costume était celui de l'un des quatre et non celui de l'un des deux. Les deux n'avaient pas dîné à Montgeron.

Le sieur Perrault, qui croit reconnaître Lesurques, sans cependant en être sûr, l'a vu dîner à Montgeron. Or les deux dont il s'agit n'ont jamais paru à Montgeron ; il n'était donc pas des deux?

La femme Alfroy, qui croit aussi reconnaître Lesurques, et qui depuis a déclaré qu'elle s'était trompée, dépose qu'il avait des éperons et des bottes molles. Or celui qui avait des éperons était, comme on l'a dit, du nombre des quatre et non des deux.

Pierre Gillet, marchand de vaches, a vu trois hommes à cheval, parmi lesquels il croit reconnaître Lesurques. Ce n'est donc pas parmi les deux qu'il l'a vu, mais bien parmi les quatre, au moment où l'un d'eux avait quitté ses camarades pour aller chercher son sabre.

Il est donc constant, démontré, indubitable que Lesurques n'était pas un des deux voyageurs indiqués par les Champeaux.

Ce n'était pas non plus Dubosq. Les preuves ne sont pas moins incontestables. *Cheron*, domestique de Bernard, l'a reconnu pour un des quatre qui étaient venus prendre des chevaux chez son maître. Il était un des cinq assassins, a dit Courriol; il était un des cinq, a dit Durochat; il était un des cinq, ont dit Richard et la fille Bréban; il était un des cinq qui sont rentrés à Paris; il était un des cinq qui se sont partagé le vol, puisque c'est chez lui que le partage s'est fait : et c'est comme un des cinq qu'il a été condamné à mort.

Ce n'était pas Durochat, puisqu'il était dans la voiture du courrier.

Ce n'étaitpas Vidal, puisqu'il a été reconnu comme un des cinq et condamné comme tel.

Ce n'était pas Roussy (ou Beroldi) par la même raison.

Il ne reste donc plus, de tous ceux qui ont été mis en jugement, que Guesno et Bruer, qui ont été acquittés, et que Bernard, qui a été condamné à mort.

Nous ne sommes point chargés de la défense de Bernard; nous refuserions de nous en charger, parce que tout annonce que c'était un misérable particulièrement lié avec des brigands, favorisant leurs vols pour en profiter, mais de quelques reproches qu'on pût l'accabler, il est constant qu'il n'était point présent à l'assassinat et qu'il n'y prit aucune part. La justice ne peut donc se soustraire au reproche de s'être égarée dans cette affreuse affaire, et d'avoir frappé sept individus au lieu de cinq.

Voilà donc, je crois, deux faits bien éclaircis, bien démontrés : le premier, que l'assassinat du courrier de Lyon a été exécuté par cinq individus; le second, qu'en supposant qu'il l'eût été par sept, cette circonstance ne saurait infirmer les preuves de l'innocence de l'infortuné Lesurques et pallier l'erreur de ses juges. Examinons maintenant un autre point du rapport de M. Zangiacomi.

Examen des charges contre Lesurques.

« Lesurques, dit M. Zangiacomi, parut « d'abord fort suspect par ses relations avec « quelques-uns des accusés; il fut reconnu « qu'*avant* et *depuis* l'assassinat il avait eu « des relations avec ce Richard, receleur des « effets volés; qu'il avait dîné chez lui avec « Courriol, l'un des assassins, et ce Guesno, « d'abord mis en jugement et ensuite absous. »

Si M. Zangiacomi eût pris la peine de lire le mémoire justificatif et d'examiner avec soin les pièces du procès, il se serait gardé de mettre en avant cette accusation.

Il est constant que Lesurques avait des liaisons avec Guesno; et ce fut la source de toutes ses infortunes. Mais ce Guesno était un honnête homme dont l'innocence a été prouvée et reconnue. Le malheur de ce Guesno fut de loger chez Richard, son compatriote, d'y voir Courriol et de faire une sorte de connaissance avec lui.

Quoique Richard fût de Douai comme Lesurques, il le connaissait cependant très-peu, et il est probable que jamais Lesurques ne l'eût vu, si Guesno ne l'eût invité à déjeuner chez son hôte. Lesurques était d'un caractère vif, gai et confiant; il vit avec plaisir un homme du même pays que lui, et l'invita à dîner. Ce fut la seule relation qu'il eut avec lui; Richard l'a déclaré, Guesno l'a attesté. Quant à Courriol, il était tout-à-fait étranger à Lesurques. Ce fut le hasard qui les fit trouver ensemble chez Richard, non à dîner, comme le dit M. Zangiacomi, mais à déjeuner. Lesurques ne savait pas même le véritable nom de Courriol. Jamais il ne l'avait reçu, jamais il n'avait mis le pied chez lui. Ces faits sont attestés par les dépositions de Courriol lui-même, de Richard et de Madelaine Bréban. Bernard, Bruer, Durochat, Vidal, Dubosq, Roussy, ont tous unanimement déclaré qu'ils n'avaient jamais eu la moindre relation avec lui.

A l'époque de cette anarchie sociale que la révolution avait établie dans toute la France, quelle est la personne qui puisse répondre qu'elle ne s'est jamais trouvée avec des gens dignes de la surveillance et de la sévérité des lois ? Ce n'était point par des rencontres fortuites, mais par des relations fréquentes qu'il fallait juger de la conduite de Lesurques. M. Zangiacomi dit que les liaisons de Lesurques avec Richard et Guesno étaient de nature à élever contre lui une *prévention défavorable;* mais toute prévention doit être éclaircie. Les moindres recherches eussent jeté le plus grand jour sur ce sujet. Je demanderai à M. le rapporteur si les préventions sont admissibles dans un jugement capital. Au reste lui-même déclare qu'il n'entend pas nous contredire sur ce point. Examinons donc une autre question, qui tient intimement à celle-ci.

De la Moralité et de la Fortune de LESURQUES.

Si l'on s'en rapporte à M. Zangiacomi, les impressions fâcheuses produites sur les juges, par la nature des prétendues liaisons de Lesurques, ne furent pas détruites par les renseignemens qu'on se procura sur sa moralité. Ici M. Zangiacomi cite un passage de l'acte d'accusation dressé par le Directeur du jury de Melun :

« Joseph Lesurques, porte cet acte, prétend « avoir fait dans l'acquisition et la revente

« des biens nationaux une fortune considé-
« rable qu'il porte à dix mille francs de rente,
« valeur métallique, et il est *démenti* sur ce
« fait par les autorités de son pays, qui disent
« qu'il a fait une fortune suffisante pour vivre
« aisément *en travaillant*, et qui le peignent
« au surplus comme un homme sans conduite
« et fort dépensier; Lesurques est sans état à
« Paris, et son existence est si problématique,
« qu'il n'a ni passeport, ni carte de sûreté. »

Ces reproches ont été discutés précédemment dans le mémoire justificatif, et M. Zangiacomi déclare lui-même qu'*il est loin d'attacher de l'importance à ces faits*, qui sont niés par la famille Lesurques et ne paraissent appuyés d'aucune déposition.

Mais si M. Zangiacomi n'attache aucune importance à ces faits, pourquoi les rapporte-t-il? Nous y en attachons beaucoup, nous; il est du plus haut intérêt de venger la mémoire de l'infortuné Lesurques des taches dont le Directeur du jury de Melun a entrepris de la flétrir. Que répondra ce Directeur, que répondra M. Zangiacomi, que répondront tous les persécuteurs du malheureux Lesurques et de sa triste famille aux témoignages que nous allons produire?

Lesurques a dit qu'il possédait une fortune

suffisante pour élever honnêtement ses enfans; et il l'a portée à 10,000 f. de revenu annuel. Eh bien! il a dit la vérité, et si les autorités de son pays (qu'on n'a jamais nommées) lui ont donné un démenti, elles ont trompé la justice, et ce sont elles qui vont maintenant subir la honte d'un démenti.

Quelle preuve plus évidente de la fortune de Lesurques, que les registres de l'administration des domaines! Il fallait donc que la tête de cet infortuné tombât sur l'échafaud, pour mettre sa famille à portée de repousser l'injuste aggression du Directeur de Melun! Lorsqu'un jugement inique eut mis les biens de la victime à la disposition du gouvernement, quelle fut la situation réelle de sa fortune? On le trouva propriétaire de la ferme du Ferin, près de Douai, dont le produit était en numéraire de 8,400 fr. On le trouva, en outre, propriétaire d'une jolie maison à Douai, et d'une autre petite terre que l'on a vendue à la famille en 1818. Il était encore régisseur de deux terres, et notamment de celle de M. de Folleville; de sorte que son revenu annuel s'élevait à près de 12,000 fr., valeur métallique; fortune d'autant plus honnête, que l'avilissement des assignats et des mandats donnait un nouveau prix aux valeurs en numéraire. Voilà ce que M. le Directeur du jury devait savoir, avant de citer comme un fait constant le prétendu témoignage des autorités du lieu dont il n'a jamais représenté l'original, et qui ne se trouve point dans les pièces du procès. M. le Directeur a dit, et M. Zangiacomi a répété, que Lesurques était un homme sans conduite et fort dépensier. Eh bien! lorsque le fer des lois l'eut indignement frappé, quel fut l'état de ses dettes? Le fisc en prit alors connaissance; il devait huit louis. Est-ce ainsi qu'un homme sans conduite et fort dépensier régit ses affaires! Nous conviendrons, si l'on veut, que Lesurques était d'un naturel gai, franc, généreux, aimant à se faire honneur de ce qu'il possédait; mais il ne dépensait point au-delà de ses moyens, et la manière dont il avait su se faire un revenu honnête, prouve naturellement un esprit d'ordre et de calcul. J'insiste sur ces particularités, parce qu'il est nécessaire de rappeler aux magistrats que leurs paroles ne sont pas comme celles des autres hommes; que tous les mots qui sortent de leur bouche sont, en quelque sorte, sacrés et peuvent avoir l'influence la plus funeste ou la plus heureuse sur le jugement de ceux qui les écoutent.

On dit aux jurés : ce n'est pas par des preuves matérielles, par des raisonnemens, que vous devez vous décider, mais par les impressions que laisse à votre conscience l'ensemble des débats, par un sentiment vague, confus, qui agit sur l'ame sans qu'elle puisse dire elle-même de quelle manière; vous devez juger les causes judiciaires, comme la multitude juge les drames au théâtre. Mais, s'i est vrai que le jugement des jurés doive s'exercer de cette manière, s'il ne doit se composer que des impressions vagues et confuses que leur laisse l'ensemble des débats, de quelle importance n'est-il pas que ces impressions soient justes, pures et vraies! et quel reproche n'a-t-on pas eu droit d'adresser au magistrat qui s'efforce de leur en donner de différentes! Car ici la tragédie est réelle; ce n'est plus une vaine fiction comme au théâtre.

Quand le Directeur du jury, avant de s'être assuré de la vérité, disait aux jurés : « Lesur-
« ques ment, lorsqu'il assure qu'il possède
« une fortune suffisante pour vivre avec hon-
« neur; il ment quand il parle de la régula-
« rité de sa conduite. Les autorités de son
« pays déclarent qu'il ne peut vivre sans tra-
« vailler, qu'il est d'une mauvaise conduite
« et fort dépensier. » Quelles impressions ne laissait-il pas dans la conscience de ces jurés, et pourrait-il bien dire aujourd'hui quelle part il a eu à la sévérité de leur décision?

Mais voici des autorités bien autrement respectables, et auxquelles j'espère que M. Zangiacomi ne refusera pas son assentiment.

Quand madame Lesurques, repoussée sous le Directoire et Napoléon, conçut la pensée de renouveler ses humbles et pressantes sollicitations aux pieds du trône de Louis XVIII, que l'espérance rentra dans son cœur, parce que la justice était rentrée en France avec le monarque, dont le cœur en est l'inviolable sanctuaire, les personnes les plus éminentes de la ville de Douai s'empressèrent de lui offrir leur appui (1). Elles le lui offrirent auprès de S. A. R. Monseigneur de Berri, lorsqu'il passa à Douai; elles la lui offrirent auprès de M. le

(1) Au mois de juillet 1814, les héritiers Lesurques présentèrent au Roi une requête tendante à obtenir la communication des pièces du procès, offrant de se constituer prisonniers s'ils ne prouvaient pas l'innocence de leur infortuné père. Cette requête fut remise au Roi par M. le Duc de Pienne.

Le 6 août suivant, la même famille présenta une pétition à S. A. R. Monseigneur le Duc de Berry. S. A. R. écrivit de sa propre main : recommandé à la justice de M. le Garde-des-Sceaux. CHARLES FERDINAND.

Le 8 du même mois, M. le Comte de Nantouillet tdressa cette pétition de l'ordre exprès de S. A. R., émoignant que le Prince prenait au succès de cette affaire un intérêt prononcé.

garde-des-sceaux, et voici de quelle manière elles s'exprimèrent :

« Les Députés du Nord soussignés ont l'hon-
« neur de recommander bien particulière-
« ment à Son Excellence M. le Ministre de la
« justice, la demande de madame veuve Le-
« surques et de ses enfans. Victime de la plus
« fatale erreur, cette famille gémit depuis
« vingt-cinq ans sous le poids du déshonneur
« et de la misère. *Lesurques, riche et jouissant*
« *de la considération publique dans le dépar-*
« *tement du Nord*, est mort innocent sur l'é-
« chafaud. Que sa femme et ses enfans ne
« soient pas condamnés à mourir de faim, en
« attendant que les formes lentes de la justice
« réhabilitent la mémoire de notre malheu-
« reux compatriote.

« *Signés*, Comte CHARLES DE BÉTHISY,
« POLTEAU D'HANCARDRIE, BRICOUT DE
« CANTRAINE, le Comte DE MUYSSART,
« DUHAU DE STAPLANDE, DEQUEUX ST.-
« HILAIRE, DUPLEIX DE MEZY, ALEXIS
« FREMICOURT. »

Quelques mois auparavant, une autre pétition de madame Lesurques avait été apostillée, avec le même intérêt, par MM. Deforest de Quartville, le baron de Brigode, Gossuin, Blancart de Bailleul, le baron de Briffeuil.

Ajoutons à ces témoignages, celui d'un magistrat aussi recommandable par ses vertus que par ses lumières :

« Je soussigné, président de la cour royale « du Nord et du Pas-de-Calais, déclare qu'arrivé à Douai trois ou quatre ans après la « mort du malheureux Lesurques, j'ai alors « et plusieurs fois depuis entendu parler de sa « moralité et de sa conduite, de manière à re- « pousser jusqu'au soupçon du crime qui lui « était imputé.

« *Signé* LENGLET. »

Joignons à cette honorable attestation, celle de M. le baron de Blamont, maréchal-de-camp, et celle de M. Pernot, ci-devant commissaire de police à Douai, homme qui, par la gravité de ses mœurs et sa probité, donne un grand poids à tout ce qu'il écrit :

« Je soussigné, maréchal-de-camp en dis- « ponibilité, certifie avoir connu particuliè- « rement feu Lesurques, ancien caporal au ré- « giment d'Auvergne, où je servais aussi; « qu'il y a toujours eu une conduite sans re- « proche; qu'il était estimé de ses chefs et « aimé de ses camarades, et qu'il était cité « comme un modèle pour les mœurs et la « tranquillité. J'atteste, en outre, l'avoir

« connu très-peu de temps à Paris avant son « arrestation, où il était très-bien établi, et « qu'il jouissait dans son quartier de la plus « grande considération. Les faits particuliers « que j'avance sont de notoriété publique, et « j'offre les prouver au besoin.

« Gisors, le 6 novembre 1822.

« BARON DE BLAMONT. »

« Je soussigné, ancien commissaire de po- « lice à Douai, certifie qu'ayant rempli cette « place depuis le 1er. juillet 1810 jusques vers « la fin de 1815, j'ai eu très-souvent occasion « d'entendre parler de l'infortuné Joseph Le- « surques, né dans la même ville, et que tous « ses concitoyens affirmaient que l'on n'avait « jamais douté un instant de son innocence; « que tous en ont constamment fait l'éloge « comme d'un bon père de famille, d'un ci- « toyen plein de probité, sur la délicatesse « duquel il ne s'était jamais élevé aucun re- « proche, aucun soupçon.

« En foi de quoi, etc.

« *Signé* PERNOT. »

Enfin, couronnons cette masse honorable de témoignages par un certificat des habitans de la ville de Douai, qui attestent tous la moralité de l'infortuné Lesurques.

« Nous soussignés, habitans de la ville de
« Douai, certifions à tous ceux qu'il appar-
« tiendra, qu'il est à notre connaissance que,
« pendant tout le temps que M. Joseph Le-
« surques, notre concitoyen, a résidé en cette
« ville, il a constamment joui de la réputation
« d'homme d'honneur et de probité. Nous
« certifions, en outre, que sa conduite parmi
« nous n'a jamais donné lieu de présumer
« qu'il fût capable de commettre le crime qui
« lui a été imputé depuis. »

Suivent trois pages de signatures, parmi lesquelles se trouvent celles des personnes les plus distinguées de la ville. Ajoutons qu'à l'époque même du procès, une foule de citoyens de Douai se réunirent pour attester par un acte de notoriété la conduite constamment honorable de Lesurques, ce que le Directeur du jury et M. Zangiacomi ont passé sous silence.

La moralité de Joseph Lesurques paraît-elle maintenant assez bien démontrée à M. le Rapporteur, et l'acte d'accusation du Directeur du jury de Melun prévaudra-t-il contre cette réunion de témoignages donnés par tant de personnes considérables et par la ville de Douai toute entière (1)?

---

(1) Nous avons déjà fait observer le double jeu du Directeur du jury de Melun et du Rapporteur du

Mais M. Zangiacomi a déclaré qu'il attachait peu d'importance à cette partie du procès de Lesurques; voyons donc celles qui lui paraissent les plus graves et les plus propres à faire douter de l'innocence de Lesurques.

Des Témoins qui ont déposé dans le procès, et de l'autorité due à leurs dépositions.

« Ce qui est réellement grave, dit M. le « rapporteur, c'est que, dans le cours de l'in« struction, dix témoins attestèrent unifor« mément avoir vu Lesurques avec les autres « brigands dans la journée du 8 floréal, à « Montgeron, à Lieursaint.

« L'information prouve, en effet, qu'il fut « reconnu par les femmes *Santon* et *Grosse-« Téte*. Celle-ci le désigne comme celui des « quatre qui était venu à Montgeron seul avant

---

Conseil des Cinq-Cents. Faut-il induire les jurés dans la pensée que Lesurques était capable d'un crime pour s'enrichir? le Directeur du jury le déclare pauvre, d'une mauvaise conduite et fort dépensier.

Faut-il induire les jurés dans la pensée que Lesurques était capable de corrompre les témoins? le Rapporteur du Conseil des Cinq-Cents le déclare possesseur d'une grande fortune.

Est-ce là ce que M. le Rapporteur du Conseil d'Etat veut que nous honorions de notre respect?

« les trois autres et à qui elle avait servi la soupe
« avant qu'ils arrivassent. Il fut également re-
« connu par le valet d'écurie *Lafolie*, qui dé-
« posa aussi de cette dernière particularité; il
« le fut par *Champeaux* et *sa femme*. Le mari
« le signala comme ayant raccommodé son
« éperon avec du fil. Il fut encore reconnu
« par *Alfroy*, pépiniériste à Lieursaint, et par
« sa *femme*, qui déclara l'avoir vu passer
« trois fois devant sa porte, à pied, avec Cour-
« riol; par Pierre *Gillet*, marchand de vaches
« au même lieu; par Antoine *Perrault*; il le
« fut enfin de la manière la plus affirmative
« par *Charbault*, qui avait dîné à l'auberge
« de Montgeron, dans la même chambre, avec
« les quatre cavaliers *arrivés les premiers*, et
« dont il assura que Lesurques faisait partie.
« De ces dix témoins neuf ont été entendus
« dans les débats. Laurent Charbault est celui
« qui n'a point été entendu. Le neuvième,
« Alfroy, pépiniériste, est le seul désigné
« comme ayant dit qu'il *croyait reconnaître*
« *Lesurques* sans en être sûr. La déposition
« de ce témoin écartée, il en restait huit
« contre Lesurques. »

Puisque M. Zangiacomi déclare lui-même que c'est ici la partie la plus grave du procès, celle dont il reçoit les plus profondes impressions, il est de notre devoir de l'examiner avec le plus grand soin. J'ai sous les yeux les copies les plus fidèles des dépositions des témoins, et le procès-verbal des débats qui ont précédé le jugement; avec de semblables documens il est difficile de s'égarer.

M. Zangiacomi établit d'abord que dix témoins ont *attesté uniformément* avoir vu Lesurques avec les autres brigands à Montgeron et à Lieursaint, et cette uniformité de témoignages lui paraît de la plus haute considération. Voyons si, en effet, Lesurques a été reconnu par dix témoins, et si ces dépositions sont aussi uniformes que le dit M. Zangiacomi.

Depuis vingt-six ans que la cause du malheureux Lesurques est présentée au tribunal de l'opinion et à la décision des autorités, jamais on n'a prétendu nier que des témoins égarés n'aient cru le reconnaître pour un des quatre cavaliers qui s'étaient arrêtés à Montgeron et à Lieursaint. Et c'est, en effet, leurs témoignages qui ont envoyé Lesurques à la mort.

Mais l'autorité de ces témoins est-elle irréfragable? Ne sont-ils pas tombés dans une erreur funeste? N'ont-ils pas été trompés par une fatale ressemblance. Voilà ce que les défenseurs de Lesurques ont constamment soutenu.

Nous faisons donc l'aveu que sept témoins ont accusé Lesurques. Nous convenons que ces témoins ont été désintéressés et de bonne foi, et nous ne prétendons nullement détourner le poids de cette terrible prévention.

Mais sept témoins ne sont pas dix, ne sont pas neuf, ne sont pas huit, comme le prétend M. Zangiacomi. J'ai sous les yeux, ainsi que je l'ai dit plus haut, les dépositions de tous ceux qui ont été appelés dans cette malheureuse affaire. Je les ai rapportées fidèlement dans le mémoire justificatif : je les rapporte de nouveau, pour satisfaire M. Zangiacomi.

Je commence par *Champeaux* et sa femme. Appelés à Melun pour déposer, ils ont déclaré l'un et l'autre qu'ils reconnaissaient Lesurques ; ils ont ajouté qu'il avait raccommodé chez eux son éperon.

La femme *Santon*, après l'avoir reconnu, ajoute qu'il voulait payer le café en assignats et que Courriol l'a payé en argent.

La *Grosse-Téte* ajoute aussi à sa déposition qu'il est celui qui vint le premier à l'auberge demander à dîner pour lui et ensuite pour trois autres voyageurs.

Lafolie déclare reconnaître Lesurques, sans ajouter aucune particularité à sa déposition.

Charbault affirme à la justice qu'il est un des quatre qui ont dîné à Montgeron.

La femme du sieur *Alfroy* a vu deux hommes se promener à Lieursaint; elle déclare reconnaître Lesurques.

Pierre Gillet croit reconnaître Lesurques, mais il n'en est pas sûr.

Charles-Thomas Alfroy croit aussi le reconnaître, mais il n'en est pas sûr.

Le sieur Antoine Perrault reconnaît très-bien Courriol; il croit reconnaître Lesurques à ses cheveux blonds, mais il n'en est pas sûr.

Tels sont les dix témoins cités par M. Zangiacomi. Or je demande maintenant si, comme il l'assure, ils ont déposé uniformément, s'il est juste de donner pour des témoignages affirmatifs des dépositions dubitatives? et puisque Pierre Gillet, Ch. Thomas Alfroy, Antoine Perrault déclarent n'être pas sûrs de reconnaître Lesurques, voilà donc le nombre des témoins réduit à sept? Mais M. Zangiacomi sait que la femme Alfroy, à la vue de Dubosq, a rétracté sa première déposition, qu'elle a confessé avec douleur qu'elle s'était trompée; que ce n'était point Lesurques qu'elle avait vu, mais Dubosq; voilà donc le nombre des témoins réduit à six?

Mais M. Zangiacomi avoue que Charbault

n'a point paru aux débats ; voilà donc le nombre des témoins réduit à cinq? Quelle considération, quel intérêt a donc décidé M. Zangiacomi à le porter à dix? A-t-il une arithmétique et une logique différentes de l'arithmétique et de la logique française? Car tout ce que j'assure ici est vrai, rigoureusement vrai, et hors de toute contestation.

Voyons maintenant si ces dépositions sont d'un aussi grand poids que l'assure M. Zangiacomi.

La *Grosse-Tête*, servante d'auberge à Montgeron, a déclaré reconnaître *Lesurques*, mais elle a déclaré aussi, devant M. Daubanton, reconnaître Guesno, qu'elle n'avait pas vu; elle a déclaré aux débats reconnaître Bruer, qu'elle n'avait pas vu ; la Grosse-Tête s'est donc trompée deux fois. Elle a ajouté que c'était Lesurques qui était arrivé le premier à l'auberge, et il est résulté des déclarations de Courriol, que c'était Dubosq ; elle s'est donc trompée trois fois.

La *Santon*, servante de la dame Châtelain, a déclaré, devant M. Daubanton et le Juge de Melun, reconnaître *Lesurques ;* mais elle a aussi déclaré reconnaître Guesno, qu'elle n'avait pas vu ; elle a dit aussi que Lesurques avait voulu payer le café en assignats, et il résulte des déclarations de Courriol, que c'était Dubosq; elle s'est donc trompée deux fois.

Lafolie, garçon d'écurie, a reconnu Lesurques à Melun; il l'a reconnu dans le cours des débats : mais il a aussi reconnu Bernard, dont l'*alibi* était démontré par huit dépositions reçues et déposées chez le juge de paix de sa section.

Champeaux affirme qu'il reconnaît Lesurques; qu'on lui a prêté du fil pour raccommoder son éperon : mais il affirme de même qu'il reconnaît Bernard, quoique Bernard ne fût pas du nombre de ces quatre cavaliers.

La femme *Champeaux* dépose, comme son mari, qu'elle reconnaît Lesurques; mais elle reconnaît aussi Bernard et Guesno, qui n'étaient pas sortis de Paris. Elle ne reconnaît point Courriol, l'un des chefs de l'entreprise. Elle raconte l'incident de l'éperon, et il est démontré par la suite de la procédure, de l'aveu de M. Zangiacomi, que Lesurques n'a jamais eu d'éperon, et que celui qui a raccommodé son éperon est Dubosq. Elle et son mari ont vu passer deux voyageurs à la suite des quatre, mais ils ne reconnaissent aucun des accusés pour être l'un de ces deux voyageurs.

Antoine *Perrault* dépose à Melun qu'il croit reconnaître Lesurques à ses cheveux blonds, mais *qu'il n'en est pas sûr*; il croit également reconnaître Guesno, sans pouvoir néanmoins l'affirmer. Le seul qu'il reconnaisse d'une manière positive est Courriol. Dans le cours des débats, il dépose contre Lesurques, mais il a déposé aussi contre Guesno. Il a dîné à Montgeron dans la même salle que les quatre cavaliers, mais il n'en a vu que trois. Celui dont Lesurques lui représente les traits *portait un habit gris blanc.*

Pierre Gillet, marchand de vaches à Lieursaint, dépose à Melun qu'il *croit* reconnaître Lesurques, qu'il n'a vu que de loin, mais *il n'en est pas sûr;* que ce qui le frappe davantage, c'est que Lesurques ressemble à M. Perthuis, propriétaire d'une terre voisine. Il ajoute que l'individu qu'il croit reconnaître dans la personne de Lesurques *portait une redingote couleur de chair.* Aux débats, il fait sa déposition sur Courriol et Lesurques. Le procès-verbal ne fait aucune mention de la manière dubitative dont il s'était exprimé à Melun.

Charles Th. Alfroy, pépiniériste à Lieursaint, a vu, *entre huit et neuf heures du soir*, deux particuliers se tenant sous le bras; il s'en est approché et a reconnu que l'un d'eux avait un *habit bleu* et un chapeau rond; il croit que c'est Lesurques, mais il n'en est pas sûr, parce qu'il faisait un peu sombre.

Il faut observer ici que les quatre individus vus à Montgeron et à Lieursaint étaient partis de ce dernier village entre sept heures et sept heures et demie. Champeaux n'a donc pas pu les voir *entre huit et neuf heures*. C'était, d'ailleurs, le moment où le courrier de Lyon était arrivé à Lieursaint; ainsi sa déclaration, loin d'être contraire à Lesurques, lui serait plutôt favorable : car si c'était lui qu'Alfroy avait vu, il n'était donc point l'un des assassins du courrier de Lyon, puisqu'au moment où ce courrier relayait à Lieursaint, il se promenait tranquillement à pied, devant la maison de Charles Alfroy. Si c'était lui, ceux qui l'avaient vu avec un habit gris blanc et une redingote couleur de chair se trompaient donc, puisque, suivant Alfroy, il portait un habit bleu. Si c'était lui, et s'il se promenait tranquillement à pied entre huit et neuf heures du soir, ceux qui prétendaient le reconnaître pour un des quatre cavaliers partis à sept heures et demie s'étaient donc trompés?

Je n'insiste sur ces particularités que pour faire voir ce que valent la plupart de ces témoignages faits par des individus presque tous incapables d'observer et de rendre compte de ce qu'ils ont vu. D'ailleurs, M. Zangiacomi n'attachant point d'importance à la déposition de cet Alfroy, je passe à celle de sa femme.

Marie-Thérèse Guilbert, femme Alfroy, dépose à Melun qu'elle a vu, le huit floréal, passer à diverses heures, devant sa porte, deux particuliers, l'un brun, l'autre blond, ayant l'un et l'autre des bottes molles et des éperons façon d'argent; l'un habillé d'une redingote brune tirant sur le marron, l'autre d'un habit bleu avec un chapeau rond; un d'eux portait une cravate noire; *elle croit que c'est Bruer*. Mais elle affirme qu'elle reconnaît très-bien, parmi les six personnes qu'on lui présente, Courriol et Lesurques. Aux débats, elle abandonne Bruer et ne parle que de Courriol et Lesurques.

Il faut remarquer que cette femme est si peu sûre de ce qu'elle déclare, que dans la confusion de ses idées, elle reconnaît trois individus pour deux, et les désigne au hasard. Elle dépose ensuite que les deux voyageurs qu'elle a remarqués portaient des éperons, et les débats ont prouvé que c'était Dubosq qui portait les éperons. Les débats et la déposition de Madelaine Bréban ont également prouvé que Courriol était ce jour-là vêtu d'un habit bleu, et qu'il portait un chapeau rond. C'était donc Lesurques qui portait la redingote brune tirant sur le marron. Mais Gillet l'a vu avec une redingote *couleur de chair*, Perrault avec un *habit gris blanc*, Alfroy avec un *habit bleu*. Quelle confiance accorder à de pareils témoignages? Si, lorsque cette femme faisait cette déposition sur la foi du serment, quelqu'un se fût écrié, cette femme trompe la justice, quel scandale ce cri n'eût-il pas excité? Cependant il était constant qu'elle se trompait, puisqu'elle-même, à la vue de Dubosq, a reconnu son erreur; qu'elle l'a reconnue avec toutes les marques du plus profond repentir. Lorsque Courriol, près de mourir, proclamait l'innocence de Lesurques, lorsqu'il disait: ces témoins ont confondu Lesurques avec Dubosq, il proclamait une vérité devenue aujourd'hui incontestable, et cependant le rapporteur du Conseil des Cinq-Cents voulait qu'on n'en tînt aucun compte, et qu'on envoyât, sans examen ultérieur, Lesurques à la mort. Plaignons le ministère des juges et des rapporteurs.

La déposition la plus grave est assurément celle de Laurent *Charbault*; car *il affirme* à la justice que Lesurques était un des quatre cavaliers avec lesquels il a dîné à Montgeron, et il ajoute qu'il croit aussi reconnaître Guesno, mais *que dans une affaire aussi délicate, il n'ose l'affirmer*. On trouve ici un homme scrupuleux, qui ne veut assurer que ce qu'il croit vrai. Cette circonstance donne le plus grand poids à sa déposition. C'était donc lui qui pouvait contribuer davantage à la perte de Lesurques; mais, par une circonstance remarquable, il se trouve qu'il n'a pas comparu aux débats.

Il résulte donc de cet examen, que de tous ces témoignages cités avec tant de confiance et d'ostentation par M. Zangiacomi, il n'en est qu'un seul qui présente un caractère grave et propre à déterminer le jugement d'un homme sage et réfléchi; que tous les autres sont ou incertains, ou tellement marqués du sceau de l'erreur, que nul homme raisonnable et retenu dans ses jugemens n'eût osé s'en servir pour condamner un accusé à la peine capitale.

Que sera-ce, si à ces considérations on ajoute que la plupart de ces témoins n'ont été confrontés avec les prévenus que plus d'un mois après l'évènement, et que pour ajouter une foi entière à leurs déclarations, il faut supposer qu'ils ont gardé, pendant tout ce temps, un souvenir exact et infaillible de quatre passans, qu'ils n'ont vu que très-peu de temps et sans aucun intérêt à les remarquer? Si l'on ajoute encore que ces témoins, dont on s'appuie avec tant de confiance, sont des servantes de cabaret et des valets d'écurie; que le valet d'écurie n'a pu voir ces quatre individus que pour prendre leurs chevaux et les leur remettre, et qu'il est plus facile de garder le souvenir d'une seule personne que de quatre, qui se présentant ensemble, produisent nécessairement une sorte d'embarras dans les idées et la mémoire.

Je demande à M. Zangiacomi, si le juge qui reçoit des témoignages n'ajoute pas une plus grande foi à la déclaration d'un homme doué d'intelligence et d'éducation, qu'à celle d'individus grossiers, d'un entendement borné, chez lesquels toutes les idées sont en confusion, parce qu'ils n'ont pas l'habitude de s'en rendre compte et de les exprimer clairement?

Il me semble donc bien démontré que M. Zangiacomi n'a point exposé les faits d'une manière vraie : 1°. quand il a parlé de dix témoins, puisqu'il est démontré qu'il n'y en avait véritablement que cinq; 2°. quand il a dit qu'ils avaient déposé uniformément, puisque leurs dépositions sont chargées de variantes et de contradictions. M. Zangiacomi s'est donc déjà trompé quatre fois.

Il s'est trompé dans le récit et l'exposition des faits.

Il s'est trompé sur le nombre des individus,

qui ont participé à l'assassinat et au vol du courrier de Lyon.

Il s'est trompé sur les relations et la moralité de Lesurques.

Il s'est trompé sur le nombre des témoins, la nature et la gravité de leurs dépositions.

Voyons s'il s'est moins trompé en rendant compte des moyens de défense de Lesurques et des témoins produits en sa faveur.

Des Témoins produits par LESURQUES.

M. Zangiacomi établit dans son mémoire que, pour atténuer l'effet des dépositions qui l'accablaient, Lesurques produisit des témoins qui devaient déposer de l'emploi qu'il avait fait de la journée du 8 floréal, de manière à établir un *alibi*.

« *Legrand*, ajoute-t-il, orfèvre à Paris,
« attesta que ce jour-là Lesurques avait passé
« une partie de la matinée chez lui. Il ratta-
« chait ce souvenir à celui d'un marché qu'il
« avait fait, disait-il, et inscrit sur son re-
« gistre à la date du 8 floréal. Le président du
« tribunal ordonna la présentation de ce re-
« gistre, et l'on y vit très-clairement que la
« date du marché était du lendemain neuf, et
« que l'on avait fait de ce chiffre 9 un 8.

« Le président parapha cette pièce à l'ins-

« tant même, la fit parapher par le témoin qu'il « renvoya en état d'arrestation. Le lende- « main Legrand reparut aux débats : le pré- « sident lui demanda s'il persistait dans ses « précédentes dépositions. Ledit Legrand, « porte le procès-verbal, a déclaré qu'il les « rétractait comme n'étant basées que sur la « fausse date qui se trouve sur ledit registre, « et dont il n'a aperçu la falsification que « depuis ses premières dépositions. Le prési- « dent a demandé s'il avait des observations à « faire; Lesurques a demandé que les jurés « regardassent comme non avenues les dépo- « sitions basées sur cette date, et ce, après « avoir considéré ledit registre. Legrand a été « renvoyé devant le juge de paix de la section « du Pont-Neuf, pour être statué sur la pré- « vention de faux, ainsi qu'il appartiendra. »

Après avoir rapporté ces circonstances, consignées dans le procès-verbal, M. Zangiacomi essaie de les corroborer, en transcrivant dans une note l'instruction faite par le juge de paix contre le sieur Legrand.

« Le juge de paix, dit-il, a procédé à cette « instruction. Un écrivain expert a constaté « que le chiffre 8 avait été substitué au chiffre « 9, et tracé avec une autre plume et une au- « tre encre; ce qui prouve que cette trans-

« formation était postérieure de plusieurs « jours à la rédaction de l'article du registre. »

« Legrand interrogé, a dit : « J'ai déposé « d'après la date qui était sur mon registre. « Je l'ai reconnue fausse, j'en suis convenu ; « je n'ai pas commis de faux. »

« A lui demandé si sa déposition en fa- « veur de Lesurques avait été sollicitée, il « répond : NON. J'ai vu avant l'assignation le « défenseur de Lesurques, qui, *ayant vu mon « livre*, m'a dit que je pouvais déposer d'après « le renseignement du 8, que j'avais vu Le- « surques ce jour-là. Interrogé s'il n'y a pas « des témoins qui, sur la foi de son livre, « aient déposé pour Lesurques, il répond : « Je sais qu'Aldenof et Hilaire ont fait la « même déposition que moi pour Lesurques, « et d'après la date que j'ai trouvée sur mon « livre ; je crois que Baudard a aussi certifié « d'après mon livre, mais je ne puis l'affirmer.

« Aldenof, mandé devant le juge de paix, « a dit : « Avant que j'aie reçu l'assignation « pour Lesurques, j'ai été chez Legrand. Ce- « lui-ci me demanda si je me souvenais du « jour où j'avais vu Lesurques chez lui. Je lui « dis que c'était le jour qu'il m'avait donné « la cuiller. Il me dit que c'était le 8 floréal, « d'après son livre. Je n'ai déposé aujourd'hui

« pour Lesurques que d'après ce livre. »

« Voilà, dit M. Zangiacomi, les faits rela-« tifs à la condamnation de Lesurques. »

J'espère qu'il ne m'accusera pas d'avoir affaibli ou dénaturé son récit. Voyons maintenant si l'on peut lui rendre le même témoignage. J'ai sous les yeux les mêmes pièces que lui, le même procès-verbal ; ce qu'il a avancé est conforme à ces pièces, à ce procès-verbal. Mais a-t-il rapporté tout ce qu'il devait rapporter? n'a-t-il pas à se reprocher des réticences propres à porter un préjudice notable à la mémoire de Lesurques, aux intérêts et aux vœux de sa malheureuse famille, et dans une cause semblable les réticences sont-elles permises? Quant à moi, je puis me rendre ce témoignage, que je n'ai rien dissimulé, rien passé sous silence de ce qui semblait pouvoir nuire à la cause de mon client; car j'ai cherché la vérité, et je l'ai cherchée de bonne foi. Rétablissons donc les faits dans toute leur intégrité, et suppléons aux réticences de M. le baron Zangiacomi.

Si l'on sépare le récit de M. le Rapporteur de la note qu'il y a jointe, on en concluera qu'un seul témoin a été produit par Lesurques pour attester son *alibi*, et que ce témoin a été surpris en fraude. Si l'on y joint sa note, on en concluera que Lesurques n'a pu produire que quatre témoins pour attester son *alibi*, et que ces témoins n'ont fait leur déposition, que sur la foi du premier témoin. S'il en est ainsi, je n'ai rien à dire pour mon malheureux client, je n'ai rien à répliquer à M. Zangiacomi. Mais s'il n'en est pas ainsi! s'il n'est pas vrai qu'il y ait eu de la fraude! s'il n'est pas vrai que les témoins relatés dans la note aient établi uniquement leurs déclarations sur le registre de Legrand! s'il n'est pas vrai qu'ils soient les seuls qui aient attesté l'*alibi* de Lesurques! s'il est vrai qu'avec eux on ait entendu encore d'autres témoins qui ont uniformément déclaré que le 8 floréal ils avaient vu le malheureux Lesurques! s'il est vrai que quatre-vingts témoins ont attesté sa moralité, comme M. Zangiacomi est forcé d'en convenir! s'il est vrai que le procès-verbal n'est pas lui-même sans quelques sujets de reproche! s'il est vrai enfin que deux pièces importantes, le registre de Legrand et le billet de garde du sieur Baudart, aient disparu du greffe! quelle réponse M. le baron Zangiacomi aurait-il à faire? Eh bien, nous allons prouver tout cela; et comme une partie des témoins existe encore, nous allons aussi les entendre.

Il n'y a pas eu de fraude sur le registre;

car cette fraude serait venue ou de Legrand, ou du défenseur de Lesurques, ou de ses amis. Elle n'est pas venue de Legrand, puisqu'il a été reconnu innocent; elle n'est pas venue du défenseur de Lesurques, puisque Legrand lui avait montré son livre dans l'état où il était; elle n'est pas venue des amis de Lesurques, puisque ces amis, d'après le texte même cité par M. Zangiacomi, s'en sont rapportés à Legrand pour la date du 8.

Il n'y a pas eu de fraude, puisque c'est Legrand lui-même, c'est le défenseur de Lesurques qui se sont appuyés de la date du registre. Or s'ils avaient su que le registre fût surchargé, ils se seraient bien gardé d'en demander la représentation. Legrand eût fait simplement sa déposition, sans parler ni de la négociation, ni du registre qui la constatait, et dans ce cas, personne n'eût pu contredire son témoignage.

Il n'y a pas eu de fraude; car on n'avait employé aucun des moyens qui indiquent la fraude; on n'avait point gratté le papier; on n'avait fait aucun usage des procédés connus pour ces sortes d'altérations. La surcharge paraissait dans toute sa nudité, et cette négligence même annonçait, comme on l'a déjà dit, la bonne foi de celui qui produisait le livre. Un expert écrivain a dit que la surcharge avait été tracée avec une autre plume et avec une autre encre, ce qui prouvait que cette transformation était postérieure de plusieurs jours à la rédaction de l'article.

Mais ils étaient donc bien maladroits, ceux qui avaient fait cette prétendue surcharge! Quoi! ils n'avaient pas eu assez d'intelligence pour étudier la teinte de la première encre, pour se faire une plume qui traçât le caractère de la même manière que le premier! Ce n'est pas ainsi qu'en agissent les faussaires. La différence de plume et d'encre, a dit l'expert juré, prouve que la surcharge a été faite plusieurs jours après la rédaction de l'article. Mais combien de jours? Est-ce dix? Mais l'assassinat du courrier de Lyon a eu lieu le 8 floréal, et Lesurques n'a été arrêté que le 22. Est-ce vingt? est-ce trente? Mais Lesurques n'a été mis en jugement que plus de trois mois après; c'était donc de semaines ou de mois qu'il fallait parler. En vérité, le cœur se resserre quand on voit avec quelle légèreté on décide de la vie, de l'honneur et de la fortune des hommes.

Passons à d'autres observations.

Le procès-verbal porte que Legrand a rétracté sa déposition, comme n'étant basée que sur la fausse date qui se trouve sur ledit registre, et dont il n'*a aperçu la falsification que depuis ses premières dépositions.*

Ici s'élèvent de graves considérations ; car il faut ou arguer le procès-verbal de faux, ou se persuader que le défenseur de Lesurques a failli à l'honneur dans un écrit public, dans un écrit distribué au Conseil des Cinq-Cents, dans un écrit imprimé, signé et revêtu de tous les caractères propres à lui donner la plus grande autorité.

« J'ignore, dit M. Guinier, ce que Legrand, « prévenu de faux, mis en état d'arrestation, « aura pu dire pour sa défense. Si, contre la « vraisemblance, il a attesté que son registre « avait, à son insu, été falsifié sur sa bouti- « que ; si ce moyen de se soustraire à une « instruction criminelle qui s'apprêtait contre « lui, est le seul qui lui ait été suggéré, ou « qu'il l'ait trouvé lui-même, il n'en est pas « moins vrai, et j'*atteste la vérité de ce fait* ; « qu'à l'audience il soutint la date véritable ; « il soutint n'avoir commis aucun faux, et « que s'*il y avait une rectification*, ce ne pou- « vait être qu'à l'époque même de cet enre- « gistrement, et persista à soutenir la vérité du « fait et de la date à laquelle il le rappelait. »

Mais voici un argument plus fort, un argument auquel je prie MM. les rapporteurs de vouloir bien trouver une réponse, s'ils le peuvent.

Si foi doit être ajoutée au procès-verbal, Legrand ne s'est aperçu de la falsification qu'après ses premières dépositions. La falsification est donc postérieure à ces dépositions ? Mais si elle est postérieure, elle n'existait donc pas quand le sieur Legrand a engagé les sieurs Hilaire Ledru et Aldenof à déposer sur la foi de son livre ? Mais si cette falsification n'existait pas, si le registre portait un 9 sans surcharge, comment a-t-il invoqué le témoignage de ce registre ? Comment a-t-il engagé les sieurs Aldenof et Hilaire à déposer d'après ce registre ?

Legrand a subi deux interrogatoires devant M. Daubanton ; le premier le 16 thermidor, le second le 19. M. Zangiacomi a eu ces interrogatoires sous les yeux. Dans celui du 16, Legrand soutient à M. Daubanton qu'il a vu Lesurques le 8 floréal ; qu'il est sûr de son fait. Dans le second, il déclare qu'il n'en est sûr que sur la foi de son livre. Pourquoi n'a-t-on point parlé du premier interrogatoire ? Legrand était d'un caractère faible, pussillanime et facile à effrayer. Nous avons dit dans le mémoire qu'il perdit la tête et mourut à l'hospice de Charenton.

Autre fait. Le registre portait au même mois d'autres rectifications du même genre qui n'avaient nul rapport au procès de Lesurques.

Mais la surcharge, dira-t-on, était si bien faite, que Legrand a été trompé lui-même; elle était si bien faite qu'il a, sans intention, induit en erreur les autres témoins. Quoi, cette surcharge était assez bien faite pour tromper le témoin principal, celui qui tenait le registre, celui à qui il appartenait! et, dès que le livre a été produit, tous les yeux en ont été frappés : le président a jeté un cri d'indignation; il a ordonné l'arrestation de Legrand; il a fait appeler deux experts écrivains, et l'un de ces écrivains déclare dans son procès-verbal que le 9 se voyait encore presque tout entier, et c'est là ce que vous appelez une falsification habilement faite! Mais produisez ce registre, si vous voulez que nous vous en croyons; montrez-nous cette surcharge; livrez-la pour nous confondre à notre propre jugement. Mais non, vous ne produirez pas ce registre; il a disparu du greffe. Toutes les recherches pour le trouver ont été inutiles, et ce n'est pas la seule pièce qui ait eu le même sort (1).

(1) Les greffes ressembleraient-ils donc à l'avare Achéron, qui ne rend pas sa proie? Lorsque le sieur Guesno fut acquitté et mis en liberté, le greffe possédait plusieurs effets à lui; on les a vainement réclamés depuis: jusqu'à ce jour on n'a pu rien obtenir. Le buste et le portrait en miniature de Lesurques, empruntés à Mme. Lesurques, étaient restés au greffe de Versailles : le domaine les a vendus l'un et l'autre.

J'ai expliqué dans le mémoire justificatif, que n'a pas lu M. Zangiacomi, comment cette surcharge avait eu lieu : je le répète ici, afin que si M. Zangiacomi fait à ce nouvel écrit plus d'honneur qu'au premier, il n'en puisse prétendre cause d'ignorance. Le sieur Aldenof, bijoutier fabricant, avait porté le 8 floréal, au sieur Legrand, les ouvrages fabriqués pour son compte. Il y acheta une cuiller, nommée *poche*, y trouva Lesurques qui, charmé de rencontrer un compatriote, l'invita à dîner. Il accepta et remit au lendemain l'enregistrement de son marché. Le lendemain 9 s'étant rendu chez Legrand pour y faire son réglement, Legrand traça d'abord un 9; mais comme c'était la veille que la négociation avait eu lieu, il réforma le 9 pour en faire un 8, et fit cette rectification avec le peu d'attention qu'on attache à une chose indifférente. Si l'encre a paru depuis différente, si la correction a été tracée avec une autre plume, ce sont là de ces particularités qu'on nous met hors d'état de réfuter, puisqu'on ne saurait nous représenter ce livre, et qu'il a disparu du greffe. On sait, d'ailleurs, que les écrivains experts ont des yeux tout particuliers, et qu'ils voient ce que les autres ne sauraient apercevoir.

Il est donc démontré qu'il n'y a point eu de

fraude commise sur le registre du sieur Legrand. M. Zangiacomi a donc eu tort de présenter dans son rapport cette circonstance comme un fait établi. L'équité, l'impartialité voulaient qu'il le discutât. Mais cette discussion aurait pu servir Lesurques, et ce n'était pas dans cette vue que le rapport devait être fait.

Est-il vrai maintenant que les dépositions en faveur de Lesurques se réduisent à quatre? Est-il vrai que ces dépositions aient toutes pour base le livre de Legrand?

Que les hommes constitués en dignité sont à plaindre, et qu'il est difficile à la vérité d'approcher d'eux! Un ministre qui ne peut tout voir par lui-même, charge un homme recommandable par son âge, par ses lumières, par les emplois et les honneurs dont il est revêtu; il le charge de lui faire un rapport sur une affaire d'une haute importance, qui depuis vingt-cinq ans est présentée, discutée dans ses bureaux, et non encore résolue : mais cet homme est un des fondateurs de ces institutions judiciaires, de ce code criminel dont nous accusons l'impuissance; et ce code est pour toutes les personnes de la même époque un objet sacré, parce qu'il est l'ouvrage de la révolution, dont ils tiennent leur fortune et leurs grandeurs; mais ce sont leurs amis qui ont pris une part active à cette affaire, et c'est particulièrement contre la décision de ces amis que l'on réclame; mais les magistrats dont la funeste précipitation, dont les erreurs homicides ont causé tout le mal qu'il s'agit de réparer, ont eu long-temps des liaisons intimes avec le rapporteur; mais d'autres rapports ont été faits, et ceux qui les ont faits existent encore; ils ne sont point étrangers au rapporteur nouveau. Celui-ci voudra-t-il détruire l'ouvrage de ses prédécesseurs, de ses amis? Voudra-t-il seul montrer la vérité, quand on a pris tant de soin de la cacher avant lui?

M. Siméon a erré dans cette affaire; M. Gohier, alors président du tribunal criminel, s'est laissé emporter par la plus violente prévention. M. Zangiacomi donnera-t-il à ses amis le déplaisir de blâmer le rapport de l'un et la conduite de l'autre? L'amitié ne triomphera-t-elle pas ici de la justice et de la vérité? et n'est-il pas probable que M. Zangiacomi se croira plus obligé à les défendre, qu'à défendre le malheureux Lesurques? L'honneur de la magistrature ne viendra-t-il pas se placer au milieu de tant de considérations? et ne se dira-t-on pas qu'il y a moins d'inconvénient à laisser sous le poids de l'opprobre la mémoire d'un innocent, que de reporter la honte sur les auteurs de sa mort? N'est-on pas autorisé à croire que ces motifs ont puissamment influé sur la manière adroite dont M. le Baron Zangiacomi a composé son rapport?

Quinze témoins ont été entendus aux débats pour prouver l'*alibi* de Lesurques, et M. le Rapporteur n'en montre que quatre! et si l'on détache sa note du corps de son mémoire, il n'en présente qu'un! Parmi ces quinze témoins, il en est un qui appuie sa déposition d'une preuve invincible, d'une pièce irrécusable, et M. Zangiacomi n'en parle pas! Quand on reçoit une déposition, on exige de celui qui la fait, qu'il *dise toute la vérité;* on l'exige sous la foi du serment. M. le Rapporteur la doit ici comme un témoin; il remplit un ministère non moins sacré; il est chargé d'éclairer le magistrat suprême, de diriger son jugement. Le magistrat suprême a mis toute sa confiance en lui : ici doit disparaître toute espèce de considération, amitié, crainte, obligeance, prévention; car c'est de l'intérêt et de la vérité seule qu'il s'agit.

Je prends le procès-verbal et j'y vois que l'on a entendu successivement Adrien-Joseph Legrand, bijoutier, rue de Chartres;

Emmanuel-Claude Aldenhof, bijoutier, rue Neuve-Egalité (1);

Hilaire Ledru, dessinateur, rue Croix-des-Petits-Champs;

Clotilde-Eugénie d'Argence, ouvrière en linge, rue du Four-Saint-Honoré, maison de Cherbourg;

Angélique Tieurnette, rue Saint-Sauveur, n°. 5;

François Baudart, peintre, rue du Coq-Honoré;

André Lesurques, rue Montorgueil;

Bonne Martin, sa femme, rue *idem;*

Pierre Frouré, maison Égalité;

Le citoyen Wandenelisken, colleur de papier, rue Saint-Roch;

Luc Dixier, orfévre, rue Beaujolais;

Charles Chauffer, bijoutier, rue de la Lanterne;

François-Augustin-Dieudonné Germain, rue de Jérusalem;

Charles Degand, rue Saint-Martin, n°. 19;

Louis-Marie Aubert, rue de Chartres, n°. 328.

Voilà donc quinze témoins entendus pour

---

(1) On voit, par le nom seul des rues, dans quel temps avait lieu le procès du malheureux Lesurques, et devant quels juges.

prouver l'*alibi* de Lesurques : et ces témoins ne sont point des servantes d'auberge, des garçons d'écurie ; ce sont pour la plupart des citoyens recommandables, des hommes d'une profession honnête, jouissant de l'estime publique. Eh bien ! que déposent-ils ? Que le 8 floréal ils ont non seulement vu Lesurques, mais qu'ils ont dîné avec lui ; qu'ils se sont promenés avec lui ; qu'ils ont passé la soirée avec lui ; et, pour le prouver, pour démontrer aux juges qu'il n'y a point d'erreur dans la date, M. Baudart, l'un d'eux, rapporte son billet de garde, qui ne permet plus aucun doute sur l'autorité de sa déposition, et qui non seulement démontre cette vérité pour lui, mais la démontre aussi pour Legrand ; car si le billet de garde indique une date certaine, si c'est à cette date que Legrand et Aldenhof ont vu Lesurques, le registre n'a donc pas eu besoin d'être altéré, et s'il l'a été, cette altération est donc innocente ?

Pourquoi M. Zangiacomi passe-t-il cette particularité sous silence ? Est-ce dans l'intérêt de la vérité ? Pourquoi présente-t-il tant de dépositions si distinctes, comme se confondant avec celle de Legrand ? Mais, je l'ai déjà dit ; tous ces témoins ne sont pas morts ; ils sont encore aujourd'hui prêts à attester la vérité, et voici comment ils l'expriment :

« Je soussigné, certifie que la déclaration « que j'ai faite au tribunal criminel, dans le « malheureux procès de Lesurques, est l'ex- « pression de la plus incontestable vérité ; que « je me suis trouvé avec cette malheureuse « victime des erreurs de la justice, le 8 flo- « réal an IV ; que ce jour il m'a invité à dîner « pour le lendemain 9, jour où j'étais de « garde, et que cette déposition a été vérifiée « par la représentation du livre de garde. Je « serai toujours prêt à rendre hommage à la « vérité et à maintenir la foi due à ma décla- « ration.

« A Paris, le 16 août.

« J. BAUDART. »

« Je soussigné, certifie que je suis prêt à « renouveler la déposition que j'ai faite en « mon ame et conscience, dans le procès « de l'infortuné Lesurques ; d'où il résulte « que je l'ai vu chez le sieur Legrand, le 8 flo- « réal de l'an IV ; que ce jour là même j'ai « dîné chez lui avec MM. Hilaire Ledru, An- « dré Lesurques, cousin du mort, et toute sa « famille.

« A Paris, ce 22 août 1822.

« *Signé* ALDENHOF. »

« Je soussigné, répète ici avec plaisir mon « témoignage à décharge dans l'affaire de « l'infortuné Lesurques, pour valoir ce que « de raison à sa malheureuse famille dans les « démarches qu'elle a faites pour retrouver « l'honneur et la fortune qui, suivant ma « conviction intime, lui ont été ravis par la « fatalité la plus extraordinaire.

« Je répète donc ce que j'ai dit devant le « tribunal et devant Dieu, que le 8 floréal « an IV, j'ai été rendre à Lesurques la pre- « mière visite depuis qu'il était à Paris. Je n'y « trouvai d'abord que son épouse et ses en- « fans. Elle ne voulut pas me laisser sortir sans « que je visse son mari, qui, dit-elle, allait « rentrer, et qui rentra, en effet, aussitôt « après avec notre compatriote Aldenhof, qui « tenait une cuiller dont il venait de faire l'ac- « quisition.

« Tu dîneras avec nous, me dit Lesurques, « ravi de voir un compatriote et un ami de « plus. J'acceptai, et nous avons dîné gaî- « ment en patois de notre pays. Après le dî- « ner, nous fûmes nous promener, et nous « rencontrâmes Guesno, autre compatriote, « sur le boulevard Italien, vers six heures et « demie du soir, qui remit à Lesurques deux « mille francs en assignats, en buvant un

« verre de liqueur dans un café. Nous retour-
« nâmes ensuite chez lui, du même pas, et
« sommes arrivés vers sept heures et demie.
« Je me retirais chez moi, lorsque Bodard,
« notre ami commun, entra et céda à l'invi-
« tation qui lui fut faite de rester à souper. Je
« les quittai en nous témoignant réciproque-
« ment le plaisir que nous avions eu à nous
« rencontrer, nous promettant bien de renou-
« veler ce plaisir le plutôt et le plus souvent
« possible. Voilà la vérité pure de ce que je
« sais, la main sur mon cœur.

« Aussi la foudre tombant d'un ciel d'azur,
« sans nuages précurseurs, m'étonnerait cent
« fois moins que la nouvelle incroyable qui
« désignait comme assassin du courrier de
« Lyon un père de famille opulent, ami des
« sentimens et des plaisirs doux et calmes;
« Lesurques enfin au cœur excellent, palpi-
« tant toujours devant l'infortune qu'il savait
« soulager.

« *Signé* HILAIRE LEDRU,

« Artiste peintre, rue du faubourg Poisson-
« nière, no. 12.

« Paris, ce 23 août 1822. »

Il faut joindre ici la déposition de Guesno; car cet accusé ayant prouvé son innocence, ses paroles reprennent ici toute leur force et leur véracité. Or qu'a-t-il dit dans ses interrogatoires? qu'a-t-il constamment répondu? Que le 8 floréal il avait rencontré son ami Lesurques, sur les boulevards, avec le sieur Hilaire Ledru; qu'ils étaient entrés ensemble dans un café pour y prendre un verre de liqueur; déposition qui s'accorde entièrement avec les réponses de Lesurques et les déclarations de ses amis. Voilà donc seize témoins qui déposent de l'*alibi* de Lesurques, et M. Zangiacomi n'en dit pas un mot.

En procédant de cette manière, a-t-il cru répondre au mandat de M. le Garde-des-Sceaux? Est-ce ainsi qu'on éclaire le chef suprême de la justice qui cherche la vérité?

M. Zangiacomi s'est spécialement arrêté à cette rectification de date qu'on a traitée de faux. Mais que serait-ce si le procès-verbal du jugement contenait lui-même plus d'une tache de ce genre? Voici ce que je lis dans des observations présentées au Conseil des Cinq-Cents, et rédigées par un homme d'honneur qui atteste tout ce qu'il écrit:

« Lesurques s'inscrivit en faux au tribunal
« de cassation contre le procès-verbal des
« débats. Ce procès-verbal contenait de fausses
« dates. Le commissaire du pouvoir exécutif
« les pallia. Suivant lui, les ratures, les ren-

« vois, les fausses dates dans cet acte essen-
« tiel, dans cet acte du fonctionnaire public,
« n'étaient que des vices de rédaction, des
« erreurs de plume. Un faux dans un acte
« tenu dans un procès criminel, dont le ré-
« sultat est la peine de mort, n'est qu'une
« erreur! Cet acte est rédigé par un fonction-
« naire public! Et le livre-journal d'un mar-
« chand contient une date surchargée, indif-
« férente au fonds pour le 8 et le 9, et cette
« date est un faux! et cette date est une preuve
« contre Lesurques (1)! »

Ainsi les mêmes faits, les mêmes erreurs changent, deviennent innocens ou criminels, suivant les passions, les intérêts ou les préventions des hommes!

Ajoutez à cela l'enlèvement du registre de Legrand, qu'on chercherait vainement au greffe; celui du billet de garde de M. Bodard, qui démontrait si évidemment, non seulement la vérité de sa déposition, mais la date même du registre de Legrand, et dites si jamais il s'est trouvé au barreau une cause où l'aveugle-

(1) Observations sur le rapport de la Commission chargée par le Conseil des Cinq-Cents d'examiner l'affaire du nommé Lesurques, condamné à mort par jugement du tribunal criminel du département de la Seine, du 18 thermidor an IV de la république, par M. *Guinier*, avocat.

ment et la fatalité aient exercé une si funeste influence ?

Mais nous avons bien d'autres erreurs à relever, et nous allons voir M. Zangiacomi se jouer dans les routes du sophisme, et par la subtilité de son esprit, lutter contre toute la puissance de la vérité.

« Les faits, dit-il, relatifs à la condamna-
« tion de Lesurques, n'ont pas tous la même
« gravité. On est autorisé à croire que la con-
« viction du jury n'a pu être fondée ni sur les
« relations que Lesurques a eues avec quel-
« ques-uns des accusés, puisque rien ne jus-
« tifiait qu'elles étaient criminelles, ni sur la
« circonstance de l'éperon, puisque si un té-
« moin dit avoir vu Lesurques raccommoder
« son éperon avec du fil, ce témoin était
« unique, et qu'il n'existait, d'ailleurs, ni
« preuve, ni indice quelconque que l'éperon
« représenté *eût jamais appartenu à Lesur-*
« *ques, ou qu'il s'en fût servi.*

« Mais à part ces incidens, neuf témoins
« disaient affirmativement qu'ils avaient vu
« Lesurques mêlé parmi les assassins ; et l'*a-*
« *libi* dont il excipait, non seulement il n'avait
« pu le prouver, mais ce fait était devenu
« l'objet de poursuites dirigées contre le té-
« moin et l'acte dont il s'autorisait.

« Si, comme cela est vraisemblable, les
« jurés se sont arrêtés à ces dernières cir-
« constances, s'ils les ont trouvées graves,
« concluantes, décisives, qui oserait les in-
« culper?

« Mais ces faits, ajoute M. Zangiacomi,
« qu'ils ont tenus et qu'avec une conscience
« droite ils ont pu tenir pour constans, n'ont-
« ils pas été depuis reconnus faux? Ces huit
« témoins qui ont *si affirmativement* déposé,
« n'ont-ils pas été trompés par leurs sens?
« n'ont-ils pas entraîné le jury dans une fa-
« tale et irréparable méprise? C'est ce qu'il
« faut maintenant examiner, et voici la partie
« du récit qui exige la plus sérieuse attention. »

Faits postérieurs à la condamnation et à la mort de Lesurques.

Avant de nous engager dans cette discussion avec M. Zangiacomi, l'intérêt de la cause de Lesurques exige que nous fassions quelques observations sur le passage précédent.

1°. M. Zangiacomi avoue que les jurés n'ont pu asseoir leur jugement sur les relations que Lesurques avait eues avec quelques-uns des accusés, puisque rien ne justifiait qu'elles eussent été criminelles. Pourquoi donc M. Zangiacomi a-t-il essayé de les faire valoir contre Lesurques? Pourquoi a-t-il dit *que Lesurques parut d'abord fort suspect par ses relations avec quelques-uns des accusés?* Pourquoi a-t-il dit contre la vérité, que Lesurques avait, avant l'assassinat, des relations habituelles avec Richard, et qu'il avait dîné chez lui avec Courriol, l'un des assassins? Pourquoi a-t-il pris soin de faire observer que ces relations *étaient de nature à élever contre lui des préventions défavorables?* N'est-ce pas une trop grande adresse de présenter, comme grave, un fait que l'on abandonne ensuite comme d'une nature peu sérieuse?

2°. Si M. Zangiacomi ne regarde pas non plus comme sérieux les renseignemens donnés sur la conduite antérieure de Lesurques, pourquoi donc s'est-il empressé de citer l'acte d'accusation où la conduite de Lesurques est si indignement calomniée?

3°. M. Zangiacomi abandonne volontiers la circonstance de l'éperon, parce qu'elle n'est attestée que par un seul témoin, et que rien ne prouvait que l'éperon eût appartenu à Lesurques. Mais si l'éperon n'appartenait point à Lesurques, le témoin qui a dit qu'il avait prêté à Lesurques du fil pour raccommoder son éperon s'est donc trompé; il a donc pris Lesurques pour un autre, et par conséquent c'est encore un témoin qu'il faut retrancher du nombre de ceux dont les dépositions paraissent si concluantes à M. Zangiacomi. Cette considération lui a échappé.

4°. M. Zangiacomi revient une seconde fois à son argument chéri, à ces prétendus neuf témoins qui avaient, suivant lui, déposé uniformément contre Lesurques. On a vu plus haut qu'il les réduisait lui-même à huit. L'observation que nous venons de faire les réduit à sept, et nous avons démontré qu'il fallait les réduire à cinq, et qu'ils avaient tous déposé d'une manière variable et contradictoire. M. Zangiacomi revient aussi sur le faux; nous l'avons discuté suffisamment. Il termine en insinuant que l'autorité du témoin et la circonstance du faux étaient graves, concluantes, décisives, et que les jurés ont dû les trouver telles.

Eh bien! nous avons démontré, dans le mémoire justificatif, qu'elles n'étaient ni concluantes, ni décisives; car si elles eussent été concluantes et décisives pour Lesurques, elles l'eussent été également pour Guesno. Si Guesno a prouvé son *alibi*, quinze témoins se sont présentés aussi pour prouver celui de Lesurques. Si la surcharge trouvée sur le registre de Legrand a infirmé l'autorité de son témoignage, elle n'a pas infirmé l'autorité des autres dépositions.

Enfin, si les circonstances dont parle M. Zangiacomi ont été si concluantes, si décisives, comment l'élite du barreau et toutes les personnes éclairées qui avaient été témoins des débats, sont-elles restées convaincues de l'innocence de Lesurques et de l'erreur de ses juges? Il est pénible de reproduire sans cesse les mêmes argumens.

Je reviens maintenant au rapport de M. Zangiacomi.

Nous avons indiqué sommairement les circonstances les plus frappantes qui accompagnèrent et suivirent le jugement de Lesurques; nous avons fait connaître de la même manière les moyens employés par M. Zangiacomi pour atténuer les preuves qui en résultaient en faveur de cet infortuné. Il faut maintenant traiter ces questions avec plus d'étendue. Il faut discuter les argumens de M. le Rapporteur et faire triompher de nouveau la vérité.

Les jurés étaient réunis dans leur chambre; ils se disposaient à prononcer sur le sort des accusés, lorsqu'une femme pressée par sa conscience, voulant éviter au tribunal une funeste erreur, demande avec instance à parler au président du tribunal, et lui déclare qu'elle sait de connaissance certaine que Lesurques est innocent; que les témoins, trompés par une fatale ressemblance, l'ont confondu avec le véritable coupable, qui se nommait Dubosq, comme ils ont confondu Guesno avec Vidal.

Les débats étaient fermés à la vérité; mais dans une circonstance aussi extraordinaire, n'existait-il aucun moyen de sauver aux jurés une erreur capitale? Le président, toujours plein de ses préventions contre Lesurques, refuse d'entendre cette femme et la fait chasser de sa présence. Quelle était-elle cette femme? C'était la maîtresse de Courriol, c'était la confidente de ses plus secrètes pensées, c'était Madelaine Bréban : elle abandonne Courriol, et veut sauver Lesurques!

Bientôt l'audience est reprise. Les jurés font leur déclaration; Courriol, Lesurques, Bernard sont condamnés à la peine de mort.

Mais à peine l'arrêt est-il prononcé, que Courriol s'écrie : *Oui, je suis coupable et j'avoue mon crime, mais Lesurques est innocent, mais Bernard n'a point participé à l'assassinat.* Quatre fois il réitère cette déclaration; il écrit à ses juges une lettre pleine de douleur, où respire le langage de la vérité et du repentir.

Madelaine Bréban se représente pour renouveler sa déclaration. Deux individus se joignent à elle, et attestent qu'avant la condamtion des accusés, elle leur dit qu'il *allait périr des innocens;* que Lesurques n'avait jamais eu de relation avec les coupables; qu'il était victime d'une funeste ressemblance. Le Directoire, frappé de ces circonstances, adresse deux messages au Conseil des Cinq-Cents, pour sauver aux juges un horrible assassinat.

Que répondra M. Zangiacomi à tant de témoignages en faveur de Lesurques? Le voici: je commence par Madelaine Bréban.

« Je reconnais, dit-il, que quatre personnes « ont, dans différens actes, déposé en faveur de « Lesurques; mais, puisqu'il faut nécessaire- « ment apprécier la valeur de ces témoignages « et la foi qu'ils peuvent mériter, je dois ob- « server que toutes ces déclarations se rédui- « sent réellement à celle de Courriol: *Car la « Bréban n'avait aucune notion personnelle « des faits;* elle ne savait rien sur Lesur- « ques; elle ne répétait que ce que Courriol « lui avait dit. Les deux autres individus en- « tendus en même temps qu'elle étaient éga- « lement étrangers à l'affaire. Ils rapportaient « uniquement les propos que cette fille leur « avait tenus: il ne reste donc que les décla- « rations de Courriol.

« Celui-ci atteste que Lesurques est inno- « cent; mais il atteste d'une manière aussi

« affirmative des faits qui sont évidemment « faux.

« Ainsi, 1°. il certifie non seulement l'in- « nocence de Lesurques, mais celle de Ber- « nard et de Richard, condamnés, l'un à la « peine de mort, l'autre à 24 ans de fers; et « cependant toutes les pièces de la procédure « attestent la justice de l'arrêt en ce qui les « concerne; on ne peut élever, on n'élève « aucun doute sur ce point. Aussi il n'y a « jamais eu de réclamations de leur part, ni « de celle de leur famille.

« 2°. Comme s'il avait formé le dessein de « justifier tous les autres à ses dépens, Cour- « riol s'impute des faits dont il n'était pas réel- « lement coupable. Ainsi il dit que les assas- « sins étaient montés *sur ses chevaux à lui*, « *Courriol*, tandis qu'il est certain, qu'il est « avéré aujourd'hui, et qu'il l'a été en tout « temps, que ces chevaux appartenaient à « Bernard.

« Enfin, dans une de ses premières décla- « rations, Courriol ne se donne que deux com- « plices; dans les suivantes, il en désigne « quatre, savoir : Durochat, Vidal, Dubosq « et Roussy, dit Beroldi. Ainsi on ne peut ad- « mettre ces déclarations de Courriol en fa- « veur de Lesurques qu'en les scindant, en

« rejetant ce qu'il y a mêlé d'ailleurs d'i-
« nexact et de faux. »

Il est facile de répondre à M. Zangiacomi. Si ce magistrat eût lu avec plus d'attention les pièces du procès, s'il eût cherché la vérité avec plus de franchise et de zèle, il ne se serait pas livré à de pareilles arguties. *La fille Bréban*, dit M. Zangiacomi, *n'avait aucune connaissance personnelle des faits*. Mais c'était elle qui avait porté des habits à Courriol chez Dubosq; mais elle le connaissait ce Dubosq, et pouvait juger de sa ressemblance avec Lesurques. Si, avant son jugement, Courriol lui avait confié son secret, si elle l'avait elle-même confié à deux individus de sa connaissance, quelle autorité n'acquéreraient pas les déclarations de Courriol! car Courriol n'était pas condamné. Ces paroles ne sortaient pas de la bouche d'un homme flétri par un jugement criminel. Les deux individus entendus avec elle ne répétaient à la vérité que ce qu'elle leur avait dit, mais quel intérêt avait-elle à le leur dire, si ce n'est celui de la vérité? Pourquoi abandonnait-elle Courriol, avec lequel elle vivait depuis long-temps, pour sauver un homme qu'elle n'avait jamais vu? Elle déclare que le jour de l'assassinat, Dubosq avait une perruque blonde, et quand Dubosq a été arrêté, on lui a trouvé des perruques de toutes les couleurs. Si Dubosq était innocent, quel intérêt avait-elle à le charger ? Ne pouvait-il pas être arrêté d'un instant à l'autre et lui donner un démenti ? Les suites du procès n'ont-elles pas démontré l'exactitude de sa déposition ? Cette déposition n'a-t-elle pas été confirmée par les aveux d'hommes avec lesquels elle n'avait jamais eu de relation ? Elle avait vu chez Dubosq les préparatifs du partage et savait bien que Lesurques n'y était pas.

Quant à Courriol, on est étonné qu'un homme aussi éclairé que M. Zangiacomi n'ait à lui opposer que d'aussi faibles raisonnemens ; qu'il soit même obligé de dénaturer les faits pour en atténuer l'autorité. Courriol n'a jamais placé dans la même catégorie Bernard, Richard et Lesurques. Il atteste qu'il n'a jamais connu ce dernier. Il convient de ses liaisons avec Richard. Il avoue que Bernard a prêté les chevaux ; mais il soutient que Bernard n'a point participé à l'arrestation et au meurtre du courrier de Lyon, ce qui était conforme à la vérité. Si en parlant des chevaux loués ou prêtés par Bernard, il *a dit :* j'allai rejoindre mes camarades *avec mes chevaux*, s'en suit-il de là qu'il ait prétendu et affirmé que ces chevaux étaient à lui ? Un cocher, un palfrenier ne disent-ils pas tous les jours mes chevaux, en parlant des chevaux de leur maître? Et Courriol n'a-t-il pas suffisamment expliqué sa phrase, en disant que Bernard n'avait fait que prêter les chevaux? Il faut être réduit à de grandes extrémités pour avoir recours à d'aussi puérils moyens.

Après les déclarations de Madélaine Bréban, de Cauchois et de Goulon, se présentent les deux messages du Directoire; M. Zangiacomi se contente de rapporter le fait, et de lui opposer, sans aucune réflexion de sa part, le rapport de M. Siméon. Ce rapport a été suffisamment discuté dans le mémoire justificatif, pour ne pas y revenir ici.

Mais voici des circonstances nouvelles qui toutes vont jeter le plus grand jour sur l'innocence de l'infortuné Lesurques. Peu de mois après le jugement qui l'avait conduit à l'échafaud, on arrête le scélérat qui s'était placé dans la voiture du courrier pour l'assassiner plus sûrement. Il se nommait tantôt Véron, tantôt Laborde, tantôt Durochat. C'est sous cette dernière dénomination que la procédure le désigne. M. Daubanton l'interroge; il avoue son crime, il indique pour ses complices les mêmes individus qu'avait désignés Courriol; il proteste comme lui que Lesurques est innocent. Il soutient cette déclaration jusqu'à la mort. Que répondra M. Zangiacomi à ce nouveau témoignage?

Il convient que Durochat n'a jamais varié dans ses déclarations pour Lesurques. Mais il prétend qu'il a varié sur d'autres points non moins importans. Ainsi il a déclaré tantôt que Bernard n'avait eu aucun intérêt dans le vol du courrier de Lyon, tantôt qu'il était intéressé à l'affaire. Prêt à subir la peine due à son crime, on lui représente Dubosq et Vidal qu'on venait d'arrêter. Il reconnaît Vidal et refuse de reconnaître Dubosq. Enfin, quand l'heure de son exécution approche, il avoue que s'il n'a pas voulu reconnaître Dubosq, c'est que celui-ci lui donnait de l'argent et subvenait à ses besoins les plus pressans. M. Zangiacomi se saisit adroitement de ces circonstances, et prétend que Durochat, en ne reconnaissant pas Dubosq, l'a en quelque sorte déclaré innocent : « Lorsqu'il disait, je ne reconnais pas Du-« bosq, c'est comme s'il avait dit : Il n'est pas « mon complice; en le condamnant vous ferez « périr un innocent. Ainsi l'on a, dans les « propres aveux de cet homme, la preuve « que pour de l'argent on pouvait obtenir de « fausses déclarations. »

Répondons à ces sophismes. Courriol et

Durochat pouvaient-ils être de connivence? Non, car Courriol était depuis plusieurs mois dans la tombe. Cependant rien n'est plus frappant que l'accord qui règne entre leurs déclarations. Ils indiquent les mêmes circonstances, les mêmes individus. Nous étions cinq, dit Courriol. — Nous étions cinq, dit Durochat. — Mes complices, dit Courriol, sont Durochat, Vidal, Dubosq et Roussy. — Mes complices, dit Durochat, sont Courriol, Vidal, Dubosq et Roussy. — Le partage s'est fait chez Dubosq, dit Courriol. — Le partage s'est fait chez Dubosq, dit Durochat. — Bernard n'était point présent à l'assassinat, dit Courriol. — Il n'était point présent à l'assassinat, répète Durochat. — Lesurques est innocent, s'écrie Courriol. — Lesurques est innocent, s'écrie Durochat. Toutes les particularités qu'ils racontent sont semblables, et les informations subséquentes les vérifient toutes.

Si Durochat a varié sur la part que Bernard a pu avoir au vol, il en résulte qu'il est douteux que Bernard ait été intéressé ou non au vol; mais il n'en demeure pas moins incontestable qu'il n'avait nullement participé au fait de l'assassinat et du vol sur la route de Melun. La question qu'il s'agit d'examiner n'est pas de savoir si Courriol et Durochat sont d'accord sur Bernard, mais s'ils le sont sur Lesurques. Or M. Zangiacomi est forcé d'en convenir.

Qu'importe que Durochat, pressé par le besoin, secouru par Dubosq, ait d'abord affecté de ne pas le reconnaître; n'est-il pas certain qu'il l'avait désigné? n'est-il pas certain que près de mourir, il l'a reconnu, qu'il a fait l'aveu des motifs qui l'avaient déterminé à en agir autrement?

M. Zangiacomi dit insidieusement qu'il résultait de la conduite équivoque et des propres aveux de cet homme, qu'on pouvait pour de l'argent obtenir de lui de fausses déclarations. Voudrait-il induire de là que la déclaration de Durochat avait été faite pour de l'argent? Mais il serait sur-le-champ démenti par ses propres assertions, puisque Durochat était sans argent à Melun, puisque Dubosq lui en prêtait.

Au reste, Dubosq ne fut pas long-temps en prison. Je ne sais quelle funeste providence, qui ne venait sûrement pas du ciel, veillait sur la conservation de ce misérable. A l'époque où Lesurques était en jugement, où Courriol venait de déclarer son innocence, M. Guinier, avocat, était parvenu à découvrir la retraite de Dubosq; il l'indiqua à l'autorité, et le brigand resta libre. Découvert de nouveau, conduit aux prisons de Versailles, il parvient à franchir les murs. Il se casse la jambe, et parvient encore à se soustraire au supplice. Vidal, son compagnon, moins heureux, après avoir fui avec lui, retombe dans les mains de la justice. Voyons de quelle manière M. Zangiacomi parle de ce procès.

Procès de Vidal.

« Je passe, dit-il, à l'instruction contre
« Vidal et Dubosq. La procédure fut d'abord
« instruite contre ces deux individus; mais
« Dubosq s'étant évadé de prison, on ne put
« juger que Vidal, qui a été condamné et
« exécuté en l'an VI, *sans avoir jamais fait*
« *de révélation en faveur de Lesurques.*

« Mais il s'est élevé dans ce procès un in-
« cident qui doit être remarqué. Vidal avait
« quelque ressemblance de figure avec ce
« nommé Guesno, qui en l'an IV fut mis en
« jugement avec Lesurques. *Les charges*
« *contre Guesno et Lesurques étaient à-peu-*
« *près les mêmes.* Plusieurs témoins disaient
« avoir vu Lesurques parmi les assassins, et
« ils le reconnaissaient; d'autres, mais en
« moindre nombre, disaient également, *mais*
« *d'un ton moins affirmatif,* avoir vu Guesno
« parmi les assassins, et ils le reconnaissaient.

« Lesurques fut condamné d'après la déposi-
« tion des témoins qui l'accusaient ; Guesno
« fut absous, malgré la déposition des témoins
« qui s'élevaient contre lui, *parce que leurs*
« *dires inspiraient moins de confiance*, parce
« que d'ailleurs, plus heureux que Lesurques,
« il avait justifié d'un *alibi*. Mais reste ce fait
« constant, que Guesno avait été, en l'an IV,
« mis en présence de témoins qui, avec un
« accent plus ou moins prononcé, disaient
« nous vous avons vu sur le lieu où *le crime*
« *a été commis ;* nous vous reconnaissons.
« Or dans les débats qui eurent lieu en l'an VI,
« dans le procès de Vidal, les témoins qui
« avaient déposé contre Guesno furent en-
« tendus, et tous, à l'exception de deux
« femmes, convinrent que leurs dépositions
« de l'an IV étaient erronnées ; que mainte-
« nant qu'ils avaient Vidal sous les yeux, ils
« jugeaient distinctement que c'était lui et non
« Guesno qu'ils avaient vu, et que leur dépo-
« sition précédente était une méprise causée
« par la ressemblance qui existait entre cet
« homme et Vidal. Ainsi l'on eut dans ce
« procès la preuve que des témoins, gens de
« bien d'ailleurs, peuvent se tromper lors-
« qu'ils déposent sur l'identité ou la ressem-
« blance qui existe entre une personne qu'ils

« ont vue et une autre qu'on leur représente « quelque temps après. Et voilà, disait la « famille Lesurques, ce qui a perdu ce mal« heureux. Guesno a failli périr, parce qu'il « ressemblait à Vidal, et Lesurques a péri, « parce qu'il ressemblait à Dubosq. Il paraît « que les magistrats eux-mêmes ne faisaient « pas sans anxiété et rapprochement, et qu'ils « multipliaient les recherches pour trouver et « saisir Dubosq, dans l'espérance que traduit « devant les tribunaux, la vérité serait enfin « connue. »

Ce récit est fait avec beaucoup d'adresse. On y voit le dessein d'atténuer, par des rapprochemens et des mots jetés comme au hasard, tout ce qui peut servir à la justification de Lesurques. Vidal meurt en niant constamment son crime; M. Zangiacomi fait observer *qu'il ne fit jamais de déclaration en faveur de Lesurques.* Mais puisque ce misérable soutenait obstinément son innocence, quelle déclaration pouvait-il faire en faveur de Lesurques? S'il eût dit : Lesurques est innocent, le juge ne lui aurait-il pas dit aussitôt, comment le savez-vous? et cette déclaration n'eût-elle pas démontré son crime? Mais s'il n'a pas dit : Lesurques est innocent, il a constamment affirmé qu'il ne le connaissait pas ; et peut-être M. Zangiacomi devait-il rapporter cette circonstance. Il était démontré que Vidal connaissait Courriol, il était démontré qu'il connaissait Durochat et Dubosq, il fut démontré par la suite qu'il connaissait Roussy ; les preuves de son crime étaient évidentes. Ces cinq hommes étaient les seuls auteurs de l'assassinat du courrier de Lyon ; Vidal disait donc vrai, quand il assurait qu'il ne connaissait pas Lesurques? et il ne pouvait en effet le connaître.

Guesno se trouvait dans la même position que Lesurques. M. Zangiacomi dit avec beaucoup d'adresse que les charges contre l'un et l'autre étaient *à-peu-près les mêmes.* M. Zangiacomi se trompe, et s'il a bien examiné les pièces du procès, il ne saurait manquer d'en convenir. Guesno logeait chez Richard, son compatriote et son ami. Lesurques connaissait à peine Richard. Guesno avait des relations avec Courriol, qui après l'assassinat du courrier de Lyon, était venu loger chez Richard. Lesurques ne savait pas même le nom de Courriol, qu'il n'avait vu qu'une fois. Guesno avait pour ami Golier, de Château-Thierry ; Courriol avait fait connaissance avec Golier, et l'un et l'autre se trouvèrent chez lui lorsque l'on vint y arrêter Courriol. Guesno connaissait encore Bernard, l'ami de Courriol et de Richard, et Lesurques n'avait jamais vu Bernard. Les charges étaient donc bien plus fortes contre Guesno que contre Lesurques.

M. Zangiacomi ajoute que les témoins qui reconnaissaient Guesno étaient en moindre nombre, et déposaient d'un ton moins affirmatif. Il faut dire, pour l'intérêt de la vérité, que si les témoins étaient en moindre nombre, leurs dépositions étaient aussi affirmatives contre Guesno que contre Lesurques. La Santon et la Grosse-Tête soutenaient opiniâtrément qu'elles avaient vu Guesno, comme elles prétendaient opiniâtrément avoir vu Lesurques; et ce fut la déposition de ces deux femmes qui contribua le plus à la condamnation de Lesurques. Il est certain que si Guesno n'eût pu établir son *alibi*, il aurait été condamné comme son malheureux ami; et probablement M. Zangiacomi trouverait aujourd'hui des raisons pour prouver qu'il avait péri justement et qu'on ne doit rien à sa mémoire. Mais *plus heureux que Lesurques*, dit M. le Rapporteur, il avait justifié d'un *alibi*. *Plus heureux que Lesurques!* oui sans doute, il fut plus heureux, car les juges ne s'armèrent contre lui ni d'injustes préventions, ni de violence. Mais l'*alibi* de Lesurques n'était pas moins démontré que le sien. L'incident d'une rectification de chiffres sur le livre de Legrand pouvait faire récuser son témoignage, mais les témoignages des autres n'en étaient pour cela ni moins positifs, ni moins dignes de confiance, comme on l'a dit tant de fois.

Dois-je relever ici une autre erreur de M. Zangiacomi? Il assure que les témoins disaient à Guesno : Nous vous *avons vu sur le lieu où le crime a été commis;* aucun des témoins n'a rien dit de semblable ni à Guesno, ni aux autres accusés; ils disaient seulement : Nous vous avons vu passer, nous vous avons vu dîner, nous vous avons vu prendre du café, etc. Le crime avait été commis sans autres témoins que les brigands eux-mêmes. Un rapporteur ne saurait être trop circonspect et trop exact.

Mais M. Zangiacomi est-il exact, lorsqu'il dit : Les témoins qui avaient déposé contre Guesno furent entendus, et TOUS, à l'exception de deux femmes, convinrent que leurs dépositions de l'an IV étaient erronnées? Le mot TOUS fait ici de l'effet. Quatre témoins déposèrent aux débats contre Guesno : si deux persistèrent dans leur première déclaration, que devient ce mot TOUS, placé avec tant d'ostentation? Cependant il n'est point mis ici sans intention. Il a un sens dans la pensée de l'auteur, comme nous allons le voir en examinant le procès de Dubosq.

Procès de Dubosq.

« Ce ne fut, dit M. Zangiacomi, que trois « ans après, en l'an IX, que cet homme fut « remis sous la main de la justice. L'instruc- « tion, en ce qui le concernait, avait été « faite avant son évasion, concurremment « avec celle de Vidal, en l'an V et en l'an VI, « et elle avait été dirigée dans le double but « de découvrir s'il était coupable et Lesurques « innocent.

« Les témoins qui avaient déposé contre « Lesurques avaient été confrontés deux fois « avec Dubosq. La première confrontation « avait eu lieu à Melun et n'avait produit rien « de justificatif pour la mémoire de Lesur- « ques. Les témoins, au contraire, avaient « persisté dans leur première déposition, et « assigné entre Lesurques et Dubosq toutes « les différences de taille et de figure qui mo- « tivaient leur persévérance, tandis qu'au « contraire ceux d'entre eux qui avaient cru « reconnaître Guesno (à l'exception de deux « femmes) déclarèrent à la vue de Vidal, « contre lequel on instruisait en même-temps,

« qu'ils s'étaient trompés en prenant Guesno
« pour lui.

« La deuxième confrontation avait eu lieu
« devant le Directeur du jury de Pontoise.
« On y avait entendu de nouveau les témoins
« d'identité. Ces témoins avaient assigné en-
« core des différences qui leur faisaient dis-
« tinguer très-positivement Dubosq de Le-
« surques, et soutinrent que ce dernier était
« bien celui qu'ils avaient vu sur la route de
« Paris à Lieursaint. »

Je m'arrête à cette première partie du récit de M. Zangiacomi, pour y faire quelques observations.

On a vu dans le mémoire justificatif que Dubosq était un scélérat consommé ; qu'il avait été trois fois condamné aux galères ; qu'il était parvenu, ou par le fer, ou par l'or, à s'échapper de Bicêtre, du bagne, et des diverses prisons où il avait été renfermé ; que détenu dans celle de Versailles, il trouva le moyen de franchir les murs, et que s'étant cassé une jambe dans sa première tentative, il n'en réussit pas moins à se soustraire de nouveau à l'action de la justice, lorsqu'on le croyait à peine en état de se soutenir. On a vu qu'à l'époque où Lesurques vivait encore, cet infortuné et son avocat étant parvenus à découvrir la retraite de Dubosq, les agens de la police ne l'arrêtèrent point. On a vu que si trois ans après sa seconde évasion de Versailles on parvint à l'arrêter à Paris, ce ne fut point à l'activité de la police que la justice fut redevable de cette capture, mais aux soins de M. Eymery, qui employa à ses frais un agent particulier. On a vu qu'à cette époque-là même, on publiait dans les journaux, pour tromper ceux qui le poursuivaient, tantôt qu'il était à Rouane, tantôt qu'il avait été arrêté à Lyon. On a vu enfin que M. Eymery, ne s'étant point arrêté à ces bruits trompeurs, et l'ayant découvert rue Hauteville, on trouva le domicile de ce scélérat et celui de la femme avec laquelle il vivait rempli d'instrumens de crimes, de passe-ports et de cartes de sûreté sans nombre, de perruques de tous les genres; tout enfin annonçait un scélérat riche, habile, audacieux.

On s'étonnera sans doute qu'aucune de ces particularités n'aient paru à M. Zangiacomi dignes d'être rapportées; qu'il ait en quelque sorte placé Lesurques sur la même ligne que ce brigand. Que dis-je? qu'il l'ait pour ainsi dire placé au-dessous, en rapportant la partie de l'acte d'accusation qui portait atteinte à sa moralité. Cette attention de relever tout ce qui pouvait nuire à Lesurques, et de cacher soigneusement tout ce qui pouvait nuire à Dubosq, n'échappera sûrement pas au lecteur.

Je reviens maintenant au récit de M. Zangiacomi. Il assure que la confrontation qui eut lieu à Melun ne produisit rien de justificatif pour Lesurques.

Eh quoi! n'était-ce donc rien de justificatif pour Lesurques, que le trouble et l'incertitude où tombèrent les témoins! J'atteste ici que tous les témoins confrontés à Melun reconnurent qu'il existait une ressemblance très-grande entre Lesurques et Dubosq, mais que craignant de se tromper une seconde fois, comme ils s'étaient trompés pour Bernard et Guesno, ils n'osèrent affirmer que ce fût Dubosq qu'ils avaient vu. Ces détails ont été donnés avec une exactitude religieuse dans le mémoire justificatif (1). On ne recueillit donc de cette confrontation que des doutes; mais ces doutes étaient tellement dissipés par les dépositions formelles qui accablaient Dubosq, que le magistrat lui-même chargé de dresser l'acte d'accusation n'hésita pas, comme nous l'avons déjà dit, à proclamer *que ce n'était plus Lesurques dont la société réclamait le châtiment,*

(1) Page 146.

mais Dubosq. Il y avait donc dans cette instruction quelque chose qui pouvait servir à la justification de notre infortunée victime.

Il en fut de même de la confrontation qui eut lieu à Pontoise. Elle a été présentée dans le mémoire justificatif (1), avec le même soin et le même scrupule que la confrontation de Melun. M. Zangiacomi affirme que ces témoins soutinrent obstinément que ce n'était pas Dubosq, mais bien Lesurques, qu'ils avaient vu. Voici la vérité : La femme Alfroy dit, comme quelques autres, que Dubosq était moins blond, qu'il avait l'œil moins bleu que Lesurques, mais on sait que cette femme ayant vu depuis Dubosq avec une perruque blonde, déclara que c'était bien lui et non Lesurques qu'elle avait vu. La femme Champeaux avoua qu'après le temps qui s'était écoulé, il lui était difficile de faire une déposition exacte. Son mari dit la même chose. Quelle autorité d'ailleurs pouvaient avoir ces dépositions ? Qu'on examine successivement celles qui ont été reçues par le brigadier de gendarmerie, par le Directeur du jury de Melun, par M. Daubanton, par le Directeur du jury de Pontoise, on n'en trouvera pas

---

(1) Page 159.

une de parfaitement concordante. J'ai pris successivement toutes les déclarations de Champeaux et de sa femme, je les ai soigneusement confrontées et les ai trouvé chargées des contradictions les plus choquantes : tantôt ils parlent de la circonstance de l'éperon, tantôt ils la passent sous silence ; tantôt ils mentionnent les deux individus venus après les quatre premiers, tantôt ils n'en disent pas un mot : ici ils disent formellement qu'ils partirent après le départ du courrier (et cette déposition est d'autant plus importante, qu'elle est faite le 9 floréal, le lendemain de l'assassinat) (1) ; là qu'ils partirent une petite

---

(1) Voici cette déclaration textuellement.

Procès-verbal du sieur Laurent HUGUET, *Brigadier de gendarmerie, le 9 floréal an IV.*

« Un de ces quidams est venu à huit heures et demie « du soir pour venir chercher son sabre qu'il avait « oublié derrière la porte de l'écurie, a fait manger « un quart de son à son cheval, et pendant que son « cheval mangeait, il est descendu dans le village, « et dans ce moment le courrier des dépêches relayait. « Ledit quidam revenu a demandé un coup d'eau-de- « vie et promptement que l'on aille brider son cheval « aussitôt, et de suite est monté à cheval et est parti au « grand galop du côté de Melun ; *et au même instant* la « malle est partie dudit Lieursaint ; et *au même moment* « deux autres individus sont arrivés, ont fait donner à

demi-heure avant son arrivée. Alfroy a vu deux individus du nombre des quatre premiers cavaliers se promener à Lieursaint, entre huit et neuf heures du soir, et Champeaux les fait partir à sept heures et demie. Malheur aux juges qui sur de pareilles présomptions décideraient de la vie des hommes!

Après avoir exposé les circonstances préliminaires du procès de Dubosq, après avoir rapporté la lettre du ministre de la justice à l'accusateur public du département de Seine-et-Oise, après avoir fait l'aveu que les plus fortes préventions en faveur de Lesurques s'élevaient dans le sein même de la magistrature, M. Zangiacomi s'exprime ainsi:

« Vous allez voir, Messieurs, avec quels « soins, quelles précautions, quel scrupule « on a rempli, dans l'intérêt de la famille

---

« leurs chevaux du son et ont bu une bouteille de vin; « ont demandé à ladite Champeaux si la route de Melun « était bonne? à quoi elle a répondu qu'elle était « bonne; ont demandé s'il y avait des bois? a répondu « que non; ont demandé par quel endroit ils entre« raient à Melun? a répondu en face de l'église de St.-« Aspais; ont demandé où était l'auberge de la Galère? « a répondu au bas de la montagne, à gauche; ont « demandé à quelle heure ils pourraient y arriver? a « répondu sur les dix heures et demie du soir. Il était « pour lors huit heures et demie lors de leur demande.»

« Lesurques, les vues du ministre de la jus-
« tice. » Il rapporte ensuite les détails du procès, conformément au récit de M. Giraudet.

« Le ministère public propose de faire en-
« tendre les témoins qui en l'an IV avaient
« déposé à la décharge de Lesurques. Le dé-
« fenseur de Dubosq s'y oppose ; cette oppo-
« sition est rejetée. On entend les témoins,
« entre autres l'orfévre Legrand et un cousin
« de Lesurques. On discute sur l'*alibi*.

« Le lendemain on entend les témoins qui
« avaient déposé contre Lesurques. *Ils persis-*
« *tèrent dans leurs dépositions précédentes.*

« Les déclarations de Courriol et de Duro-
« chat étaient si précises, que l'on pouvait
« croire qu'elles feraient vaciller les témoins
« qui en entendraient la lecture. Le ministère
« public demande que cette lecture soit faite.
« Nouvelle opposition du défenseur de Du-
« bosq ; mais sans égard à cette opposition,
« les déclarations sont lues, *et aucun témoin*
« *ne se rétracte.*

« On ne pensa pas que cette épreuve fût
« suffisante ; on voulut qu'il ne restât dans les
« esprits aucun doute : il fut arrêté que le
« lendemain les témoins seraient de nouveau
« entendus, en présence de Dubosq coiffé
« d'une perruque blonde, et devant un por-

« trait de Lesurques que sa famille avait dé-
« posé au greffe. »

Ici M. Zangiacomi raconte les détails du procès de Dubosq, tels que nous les avons exposés, et ne dissimule point (car comment le dissimuler ?) que la femme Alfroy, après avoir attentivement considéré Dubosq coîffé de la perruque blonde, déclara avec une vive émotion que *sa conscience lui faisait un devoir de dire qu'elle s'était trompée, qu'elle croit fermement qu'elle n'a pas vu Lesurques, mais Dubosq, qu'elle le reconnaît bien, et qu'elle l'a déjà reconnu à Pontoise, et l'a dit au Directeur du jury.*

Comme cette femme avait été entendue la veille, le président du tribunal lui demanda pourquoi elle n'avait pas fait cette déclaration dans l'audience précédente? Elle répondit QU'ELLE NE L'AVAIT PAS OSÉ.

Pressée de nouveau, elle persiste dans ce qu'elle vient de dire.

Mais pourquoi, dira M. Zangiacomi, les autres témoins n'ont-ils pas imité son exemple? pourquoi est-elle la seule qui confesse son erreur? Elle vous l'a dit, M. le Rapporteur; elle vous l'a dit : elle n'a pas OSÉ. Ah! si les autres eussent OSÉ, s'ils n'eussent pas craint de se compromettre en faisant le même aveu, s'ils n'eussent pas redouté les reproches d'une famille désolée, s'ils eussent été moins effrayés de ce cri qui pouvait les poursuivre : *Voilà les assassins de mon époux, voilà les assassins de notre père; voilà les assassins de notre ami, de notre concitoyen*, si des hommes mal instruits ne leur eussent pas dit qu'on pouvait les poursuivre en dommages et intérêts, pensez-vous que la femme Alfroy fût seule restée fidèle à son devoir, à sa conscience, à la vérité ?

Et quels étaient d'ailleurs les témoins qu'on entendait ? C'était pour la plupart ceux qui en l'an IV, en l'an V, en l'an VI, ne s'étaient exprimés que d'une manière dubitative; or s'ils avaient eu des doutes en l'an IV, M. Zangiacomi nous persuadera-t-il qu'en l'an IX leurs souvenirs les servaient mieux ? qu'ils étaient plus en état de déposer, après cinq ans, sur la ressemblance d'une personne, que trois mois après l'avoir vue ? Qui ne sait combien cinq années opèrent de changement dans les traits d'un homme, surtout depuis trente ans jusqu'à quarante ?

Je m'en rapporte à la bonne foi de M. Zangiacomi lui-même, voudrait-il après cinq ans détailler toutes les particularités, tous les accidens de la figure d'un homme qu'il n'aurait vu qu'une fois, dont il n'aurait eu aucun intérêt à garder le souvenir ?

Pour atténuer la déposition de la femme Alfroy, M. Zangiacomi, après avoir rapporté fidèlement sa déclaration devant le jury, s'arrête à ces mots : *Elle ajoute qu'elle a déjà reconnu Dubosq à Pontoise et l'a dit au Directeur du jury.*

« Cette dernière partie de la déclaration, « dit M. Zangiacomi, était fausse. Cette « femme avait été entendue à Melun, à Pon- « toise, et devant ces deux magistrats elle avait « désigné Lesurques comme un *des assassins*, « et signalé la différence qui existait entre lui « et Dubosq : seulement elle avait ajouté qu'il « faudrait lui présenter ce dernier avec une « perruque blonde. »

Il y a ici deux choses à remarquer. 1°. Le mot *assassin* appartient à M. Zangiacomi. Ni la femme Alfroy, ni aucun autre témoin n'ont pu désigner Lesurques ou tout autre comme *assassins*; mais seulement comme voyageurs; car aucun des témoins n'avait assisté à l'assassinat.

2°. La femme Alfroy n'avait point dit *faux* en assurant qu'elle avait déclaré au Directeur du jury qu'elle reconnaissait Dubosq ; car elle avait déposé formellement devant le Directeur du jury de Pontoise, qu'elle trouvait une extrême ressemblance entre Lesurques et Dubosq. Elle indiquait à la vérité quelques différences, mais elles portaient spécialement sur la couleur des cheveux, et c'était pour cela qu'elle avait demandé à voir Dubosq avec une perruque blonde. D'ailleurs ce n'était pas elle qui avait rédigé sa déclaration, et personne mieux qu'elle ne pouvait savoir ce qu'elle avait dit à M. le Directeur du jury de Pontoise. M. Zangiacomi ajoute encore dans une note que Charbault, qui n'avait point été entendu aux débats du procès de Lesurques, ayant été entendu au procès de Dubosq, soutint constamment sa déposition contre Lesurques. Eh! bien, Charbault a dit qu'il ne croyait pas s'être trompé en désignant Lesurques; *qu'il y avait de la ressemblance entre lui et Dubosq; qu'il s'était écoulé trop de temps pour qu'il pût en dire davantage.*

Tous ces détails ont été produits dans le mémoire justificatif. Les conséquences qui en ont été tirées n'ont point été détruites par M. Zangiacomi, qui n'a pas daigné s'occuper de cet écrit. Je le répète ici avec douleur; on ne reconnaît pas dans le sien cette stricte et religieuse équité qui fait l'apanage nécessaire et le plus bel ornement de la magistrature.

Après avoir essayé d'atténuer l'aveu de cette femme, qui reconnaît qu'elle s'est trompée, M. Zangiacomi cherche un nouvel appui dans le rapport de M. Giraudet.

« Ce qui s'est passé dans ce débat, dit « M. Zangiacomi, doit fixer l'attention. Il s'y « est agi de Lesurques autant que de Dubosq, « et l'on a réellement, je crois que c'est l'ex- « pression propre, *révisé* le procès de Lesur- « ques. *Les magistrats en avaient reçu l'ordre « du Ministre de la justice.* Ils devaient exa- « miner, et, sous l'influence d'un préjugé « alors très-favorable à Lesurques, ils ont « examiné si sa condamnation impliquait « avec celle de Dubosq, si les témoins et les « juges l'avaient confondu avec cet homme, « et il a été vérifié, dit M. Giraudet, autant « qu'il a été possible de le faire, que cette « confusion de personnes, *seul moyen pro- « duit en faveur de Lesurques,* n'avait point « existé. Toutes les précautions prises, ajoute « ce magistrat, ont amené des résultats évi- « demment contraires à Lesurques. »

Je suis obligé de dire ici que M. Giraudet ne raisonne pas mieux, qu'il n'est pas plus exact que M. Zangiacomi. Il s'attache exclusivement aux dépositions des témoins, seul moyen sur lequel il puisse appuyer son opinion : mais il néglige, mais il dissimule tous les autres motifs qui peuvent la combattre.

Eh quoi! M. Giraudet a coopéré lui-même au jugement de Dubosq; et ce misérable a été condamné à mort. Mais s'il n'y a pas eu confusion de personnes, si Dubosq n'était pas réellement celui qu'avaient indiqué Courriol et Durochat, celui que reconnaissait Vidal, celui que Cheron, Madelaine Bréban, Perrin, Gauné, Richard accusaient d'être un des auteurs de l'assassinat du courrier de Lyon, qu'on nous dise donc sur quelles preuves on l'a condamné?

M. Giraudet affirme que cette confusion de personnes était *le seul moyen produit en faveur de Lesurques*. Non, Monsieur, ce n'était pas le seul moyen : les moyens qu'on produisait en sa faveur, c'était une vie remplie d'honneur à l'époque où une fatalité inexplicable le mit sous la main de la justice; c'était le témoignage de toutes les personnes estimables avec lesquelles il vivait; c'était l'impossibilité d'admettre qu'un homme, maître d'une fortune honorable, qu'il dépensait avec ordre, eût tout-à-coup, et dans l'espace d'un jour, conçu le projet de s'associer à des brigands qu'il n'avait jamais vus, pour aller sur la route de Melun assassiner le courrier de Lyon, et lui voler une misérable somme qui ne pouvait être d'aucune considération pour lui. Les moyens qu'on produisait en sa faveur, c'était la déposition de ses amis, tous gens distingués par une réputation sans tache, lesquels déclaraient qu'ils avaient passé avec lui la journée du 8 floréal; c'était le cri général de la ville de Douai, qui proclamait sa constante probité; c'était enfin les paroles de Courriol et Durochat mourans, qui disaient *Lesurques est innocent.* Ces moyens valaient bien les sophismes, les réticences et les arguties de MM. Giraudet et Zangiacomi.

M. Zangiacomi prétend que le procès de Lesurques fut réellement *révisé* par les juges qui condamnèrent Dubosq, qu'ils en avaient reçu l'ordre du Ministre de la justice. J'ai rapporté dans le mémoire justificatif tout ce que le Ministre de la justice fit de sage et d'équitable dans cette affaire. Il recommanda aux juges d'y apporter la plus grande attention, et ce soin honore son caractère. Mais qu'il ait donné l'ordre à ces juges de *réviser* le procès de Lesurques, c'est abuser des termes, c'est induire en erreur ceux qu'on est chargé d'éclairer.

L'autorité de M. Giraudet paraît d'un grand

poids à M. Zangiacomi. Je ne prétends point lui disputer ses affections; mais M. Giraudet n'est ni plus exempt d'erreur, ni plus exempt de préjugés qu'un autre; sa qualité de procureur général ne l'affranchit point de sa qualité d'homme, et dans le malheureux procès de Lesurques, ce n'est assurément pas lui qu'il convient de consulter.

Car pourquoi garderais-je des ménagemens préjudiciables à la cause que je défends? En 1804 les héritiers Lesurques, toujours occupés de leur malheur, toujours occupés de rendre au chef de leur famille l'honneur dont l'erreur des hommes l'avait si cruellement dépouillé, présentèrent à la Cour criminelle de Versailles une requête pour obtenir la communication des pièces du procès. C'était le tuteur des enfans mineurs, c'était leur mère qui formaient cette demande, et c'était M. Giraudet qui remplissait les fonctions du ministère public. Le tribunal lui communiqua la demande des héritiers Lesurques, et voici quelle fut sa réponse:

« Attendu que le sieur Lesurques, signa-
« taire de ladite requête, la veuve et les en-
« fans Lesurques, au nom desquels il annonce
« qu'elle est aussi présentée, ne sont point
« parties au procès, dont quelques pièces

« seulement sont demandées en expédition ; « attendu d'ailleurs que les *principes de notre* « *législation en matière criminelle n'autori-* « *sent point les demandes en révision ;* « qu'ainsi aucun des sus-nommés ne se pré- « sente sous des rapports convenables, de « *qualité ou d'intérêt ;* estime qu'il n'y a lieu « par la Cour de justice de faire droit à la « présente requête. Au parquet de Versailles, « le 9 fructidor an XII.

« GIRAUDET. »

Le 13 du même mois, le tribunal rendit un arrêt conforme à ces conclusions. J'honore la magistrature, je respecte les tribunaux ; mais au milieu de ces sentimens, ma raison me reste. Quoi ! le tuteur des enfans du malheureux Lesurques n'a pas de titre pour réclamer la communication des pièces qui tiennent essentiellement à la justification du malheureux chef de cette famille ! Quoi, ni lui, ni la veuve, ni les enfans n'y ont intérêt ! Quoi, M. Giraudet prend l'initiative sur la question de la réhabilitation ; il décide de sa pleine autorité et de sa certaine science, que nos lois ne la permettent point !

Mais ce n'est pas tout.

Deux ans après, ces malheureux héritiers

Lesurques présentent une humble et pressante requête à Napoléon Buonaparte. L'un d'eux offre de se constituer prisonnier, et dévoue sa tête, s'il ne parvient pas à prouver l'innocence de son infortuné parent. L'accent avec lequel il s'exprime, ce langage puissant du sentiment et de la persuasion portent l'émotion jusques dans le cœur de Buonaparte, et sur-le-champ il ordonne au Grand-Juge de lui faire un rapport. Le Grand-Juge s'empresse de satisfaire aux ordres qu'il vient de recevoir, et charge de cet important travail, qui? M. Giraudet, le même magistrat qui deux ans auparavant s'était conduit d'une manière si cruelle pour la famille Lesurques, qui avait émis, à l'avance, son opinion sur les demandes en révision des procès criminels! Le résultat était facile à prévoir. M. Giraudet ne pouvait désavouer les sentimens qu'il avait précédemment exprimés; il ne pouvait point se combattre lui-même : il fit ce qu'il devait faire; il conclut au rejet de la requête.

Mais ce n'est pas tout encore. En 1814, la même famille sollicite auprès de M. le Chancelier la communication des pièces du procès de son malheureux chef : la requête est communiquée à M. Legoux, procureur général, et M. Legoux répond à M. le Chancelier, le

7 septembre de la même année, qu'il y aurait trop d'inconvénient à communiquer ces pièces, et s'appuie de l'autorité de M. Giraudet, « *qui* « *lui a certifié que la coopération de Lesur-* « *ques à l'assassinat du courrier de Lyon était* « *de la dernière évidence.* »

Enfin, en 1821, les larmes de l'infortunée Madame Lesurques et de ses enfans sont accueillies avec un touchant intérêt par les deux Chambres; elles recommandent d'une voix unanime sa triste situation à la justice de M. le Garde-des-Sceaux, et le magistrat suprême, pour répondre à leurs vœux, charge M. Zangiacomi de lui faire un rapport. Il est évident que M. le Garde-des-Sceaux voulait qu'on portât une nouvelle lumière dans ce funeste procès : il voulait un examen plus approfondi, plus libre, plus exempt de préjugés et d'affections particulières. S'il n'eût pas voulu des lumières nouvelles et plus sûres, il aurait laissé au rapport de M. Giraudet toute son autorité. Ces réflexions ne pouvaient échapper à M. Zangiacomi. Cependant, que fait ce nouveau rapporteur? Loin de chercher dans l'examen impartial et approfondi des pièces de ce procès, les lumières nouvelles qu'on lui demande, loin de consulter le mémoire justificatif pour y trouver la vérité, ou combattre l'erreur, il s'attache uniquement au rapport de M. Giraudet; il répète ses argumens, s'arme d'inimitié contre le mémoire justificatif, et ne présente à M. le Garde-des-Sceaux qu'une servile paraphrase des idées de M. Giraudet.

Ainsi, par une suite de cette inexorable fatalité qui poursuit la déplorable famille que je défends, elle retombe de nouveau entre les mains de M. Giraudet, et c'est toujours par lui qu'elle est malheureuse.

Mais le rapport de M. Zangiacomi consommera-t-il, sans retour, son malheur? Non, cette crainte ne saurait nous atteindre. M. Zangiacomi n'a point rempli les vues de M. le Garde-des-Sceaux; la cause reste toujours dans le même état, et le magistrat suprême n'est pas plus éclairé qu'auparavant.

Continuons le pénible examen que nous avons commencé. Après le jugement de Dubosq, la justice n'avait plus qu'un coupable à frapper. Roussy (ou Beroldy) avait été désigné, par Courriol et Durochat, comme leur complice; on n'avait pas d'autre indice; les témoins n'avaient pu déposer contre lui, puisqu'on n'avait pu le leur mettre sous les yeux. La police n'avait, à son égard, acquis aucun renseignement ; c'était donc sur la seule révélation de deux de ses complices qu'il était poursuivi.

Je m'arrête ici pour faire une réflexion. M. Zangiacomi a épuisé toutes les ressources de sa logique pour démontrer qu'on ne doit avoir aucune foi à la déposition des scélérats ; il a flétri le témoignage de Courriol et de Durochat en faveur de Lesurques, de tout l'opprobre qui peut tomber sur les paroles de deux brigands condamnés à mort. Si la logique de M. Zangiacomi est vraie, si la déclaration d'un coupable ne doit jamais être d'aucune autorité, comment la justice s'est-elle déterminée à poursuivre Roussy, ou Beroldy, sur la simple accusation de Courriol et de Durochat? S'il est reconnu que toutes les paroles d'un condamné doivent être regardées comme des mensonges ; si le repentir d'un homme prêt à monter à l'échafaud ne doit jamais être accueilli ; comment se fait-il encore que Vidal et Dubosq aient été poursuivis sur la dénonciation de leurs complices ? Comment se fait-il que cette dénonciation se soit trouvée vraie dans toutes ses parties, qu'elle se soit accomplie dans tous ses points ?

La Justice et M. Zangiacomi auraient-ils des principes différens? Ah! oui; ils doivent en avoir pour le salut de l'humanité et l'honneur de nos lois. Tout est contradiction dans les jugemens de M. Zangiacomi. Courriol et Durochat proclament-ils l'innocence de Lesurques? ce sont des scélérats, dit-il; il ne faut avoir aucun égard à leurs déclarations. Dubosq et Vidal se taisent-ils au sujet de Lesurques? il tire de leur silence une induction hostile, et en conclut que Lesurques n'était pas innocent. Mais Dubosq et Vidal étaient-ils des gens de bien? étaient-ils moins scélérats, moins condamnés que Courriol et Durochat? Etrange disposition du cœur humain. Si les scélérats absolvent Lesurques, ils ne doivent pas être écoutés; s'ils se taisent, leur silence doit être interprêté contre lui. Dieu garde un honnête homme de tomber entre les mains de pareils raisonneurs.

Roussy (dit Beroldy), remis entre les mains de la justice, fut condamné à la peine de mort, le 11 messidor an XII, à-peu-près huit ans après l'assassinat du courrier de Lyon. On a vu dans le mémoire que ce misérable, prêt à monter à l'échafaud, déclara qu'il était bien jugé, qu'il n'avait jamais connu Lesurques, et remit à son confesseur un testament de mort, où il déclarait l'innocence de cette malheureuse victime. Que fera M. Zangiacomi pour atténuer l'autorité d'une circonstance si frappante? Son génie, fertile en détours, ne le trahira pas; il donnera aux mots un sens qu'ils n'ont pas; il retranchera une partie des déclarations du vénérable ecclésiastique auquel Roussy a confié ses dernières pensées; il fera plus, il osera jeter des soupçons sur la véracité de ce respectable pasteur, et sans se compromettre, savant dans l'art de laisser entrevoir sa pensée sans la montrer toute entière, il laissera douter que ce testament de mort soit une pièce authentique.

Voici donc comme il présente le fait:

« Trois ans après, en l'an XII, Roussy, autre assassin du courrier de Lyon, a été arrêté et également condamné à la peine de mort. Dans le cours de l'instruction et des débats, il a nié son crime, *et n'a rien dit sur Lesurques.*

« Mais deux heures avant son exécution, le 11 messidor an XII, le magistrat de sûreté s'est rendu auprès de lui et lui a demandé s'il connaissait Lesurques? a répondu que non: à lui observé que sa réponse intéressait la famille Lesurques, si ce dernier avait été condamné quoiqu'innocent, ou la société et la justice, s'il avait été condamné comme coupable? a répondu qu'il persiste à déclarer qu'il ne connaît pas et n'a jamais connu Lesurques, et que lui Roussy est innocent; puis il observe qu'il est inutile d'écrire le mot *innocent,* puisqu'il allait périr comme coupable.

« Il prit ensuite une plume pour signer, et il la quitta en disant qu'il ne signerait ni ne voulait signer aucun papier.

« Roussy fut assisté dans ses derniers momens par M. le curé de Versailles, qui, après l'exécution, vint trouver le magistrat de sûreté et lui annonça que cet homme l'avait autorisé à dire que le jugement qui le concernait était bien rendu. A lui demandé si Roussy l'avait autorisé à parler de Lesurques, et ce qu'il a pu en dire? a répondu que Roussy ne l'avait pas autorisé à parler de Lesurques.

« Six mois après, le 19 nivose an XIII, le même ecclésiastique va chez un notaire, et fait rédiger un acte dans lequel on lit :

« A requis ledit Notaire, etc. » Ici M. Zangiacomi raconte la circonstance du dépôt fait chez M. Destremeaux, notaire, cite le texte du testament de mort de Roussy et se livre ensuite à ses réflexions ordinaires.

« Ainsi, dit-il, pendant son procès, Roussy, ou Beroldy, ne dit rien sur Lesurques. Après sa condamnation, et sur le point d'aller au supplice, il déclare devant un magistrat *qu'il ne connaît point Lesurques.* Il résulte manifestement de ses réponses *qu'il n'a aucune révélation à faire en sa faveur.* Cette déclaration est du 11, et deux jours avant, le 9, il avait écrit, et attesté par sa signature, que Lesurques était innocent; mais cet écrit il l'avait soigneusement dérobé à tous les regards, et comme s'il appréhendait qu'on ne *le lût et qu'on ne le discutât en sa présence,* il prit ses mesures pour qu'il ne parût que six mois après sa mort. »

Reprenons cet exposé. Je ferai d'abord remarquer que, pour en tirer plus d'avantage, M. Zangiacomi a jugé à propos de tronquer la déclaration de M. le curé de Versailles. Cet ecclésiastique, après avoir dit à M. le Substitut du Procureur impérial que Roussy ne l'avait point autorisé à parler de Lesurques, ajouta : *Mais deux jours avant l'exécution il m'a remis, écrit de sa propre main, un testament de mort dont il a exigé que l'ouverture fût différée de six mois.*

M. le curé de Versailles savait très-bien ce que contenait ce testament; il remplissait ici, avec une extrême délicatesse, la silencieuse sainteté de son ministère, et sa réponse équivalait évidemment à celle-ci : il ne m'a pas autorisé à parler, mais il a écrit.

M. Zangiacomi a jugé à propos de supprimer cette circonstance, parce qu'elle ne pouvait entrer dans son plan. Il soutient qu'il résulte manifestement des réponses de Roussy, qu'il n'avait aucune révélation à faire en faveur de Lesurques.

Mais n'était-ce pas faire une révélation en faveur de Lesurques, que d'affirmer itérativement qu'il ne le connaissait pas et ne l'avait jamais connu? n'était-ce pas faire une déclaration en faveur de Lesurques, que de reconnaître la justice du jugement qui le frappait, lui? Si ce jugement était bien rendu, la déclaration de Courriol, qui l'avait désigné, était donc vraie? la déclaration de Durochat, qui l'avait également désigné, était donc vraie? Elle s'était trouvée vraie pour Dubosq, vraie pour Vidal, pourquoi donc n'aurait-elle été fausse que pour Lesurques? M. Zangiacomi niera-t-il que Roussy fût coupable? Eh bien, ce coupable, qui connaissait tous ses complices, déclare nettement qu'il ne connaît pas, qu'il n'a jamais connu Lesurques, et fait un testament de mort en sa faveur. Pourquoi cette exception pour un seul des condamnés? Si Lesurques est aussi coupable que Courriol, que Dubosq, que Vidal, que Durochat, pourquoi Roussy le choisit-il de préférence pour attester qu'il est mort innocent ?

J'ai dit dans le mémoire justificatif, j'ai répété et je répète de nouveau, que ce n'était pas sur les dépositions des témoins de Montgeron et de Lieursaint que les jurés devaient se décider. Le procès de Roussy le prouve : car on ne porta pas la simplicité jusqu'à le juger sur les dépositions de ces témoins, mais sur celles de Madelaine Bréban, Chéron et autres, qui le connaissaient bien et l'avaient vu long-temps.

Quelle odieuse interprétation que celle de M. Zangiacomi, lorsqu'il dit en parlant du testament de ce malheureux, *qu'il le cache, qu'il le dérobe soigneusement à tous les regards, comme s'il appréhendait qu'on ne le lût, qu'on ne le discutât en sa présence !*

Ne voit-on pas au contraire le soin d'un homme qui veut acquitter sa conscience, qui craint pour lui le danger auquel peut l'exposer ce généreux dévouement ! car l'espérance accompagne le malheureux jusqu'au dernier soupir. S'il déclare Lesurques innocent, il se déclare lui-même coupable : il veut pourvoir en même-temps à sa sûreté et à son devoir ; il veut que son aveu ne soit connu que quand tout espoir sera perdu, c'est-à-dire après sa mort.

Au reste, qu'importe qu'il ait remis sa déclaration par écrit entre les mains de son confesseur, au lieu de la faire de vive voix? S'il eût dit hautement, comme Courriol et Durochat, *Lesurques est innocent,* M. Zangiacomi se serait écrié aussitôt : *c'est un scélérat, il est condamné; on ne doit aucun égard aux déclarations des scélérats et des condamnés.* Que faire avec M. Zangiacomi? Si l'on parle, il ne veut tenir aucun compte des paroles; si l'on écrit, c'est qu'on n'ose pas parler, c'est que l'on craint d'être entendu. Mais si M. Zangiacomi cherchait de bonne foi la vérité, si la cause de Lesurques était moins claire, aurait-il besoin de tant de subtilités? et les artifices dans lesquels il se plait, dont il ne cesse de s'envelopper, ne démontrent-ils pas que la vérité l'écrase, qu'il cherche en vain à s'y dérober, qu'elle le poursuit, l'atteint et le confond malgré lui? Lutte déplorable et indigne de lui!

Ici se termine tout ce qui se rapporte à la question de fait dans ce procès cruel et douloureux; tout paraît dit, examiné, discuté. Mais avant de passer à l'examen de la question de droit, M. Zangiacomi s'arrête un instant et trace en peu de mots, mais toujours dans le même esprit, le tableau historique des divers rapports qui ont précédé le sien. Le premier eut lieu en 1806; c'est celui de M. Giraudet, dont il a été suffisamment question. Moins heureux que M. Zangiacomi, nous n'avons pu nous procurer celui de M. Collenel, dont M. Zangiacomi s'appuie également. Mais il est présumable qu'il est beaucoup moins défavorable que celui de M. Giraudet, puisque M. Zangiacomi n'en rapporte aucun passage.

« En 1814, les héritiers Lesurques présentèrent au Roi une nouvelle requête, mais elle n'eut aucune suite. »

« En 1821 ils pressèrent de leurs vives sollicitations l'intervention des deux Chambres. Ils établissaient dans leurs pétitions que le droit de réhabilitation était renfermé dans le droit de grâce. M. de Serre était alors garde-des-sceaux. Il ordonna un rapport à la suite duquel il rendit, le 30 novembre 1821, la décision suivante. » M. Zangiacomi la rapporte toute entière.

Il faut la rapporter aussi, afin que les lecteurs sachent de quelle manière on procédait dans cette déplorable affaire.

« Admettre que la réhabilitation dans ce

« sens qui déclarerait un arrêt exécuté non « avenu, dérive du droit de grâce, implique « contradiction, puisque la grâce suppose « l'existence de la condamnation, puisque « dans l'espèce, la grâce ne peut avoir d'ob- « jet, l'individu à gracier n'existant plus; « puisqu'enfin la grâce elle-même, dans sa « plus grande étendue, n'a jamais l'effet « d'abolir en elle-même la condamnation.

« Il est reconnu que les dispositions du « code d'instruction criminelle ne donnent « pas ici ouverture à une annulation d'arrêt. « Dans l'état actuel de la législation et de la « prérogative royale, il n'y a donc rien à « faire.

« On pourrait demander s'il est utile de « proposer une loi nouvelle pour les cas ana- « logues. Le seul motif serait le petit nombre « de familles frappées dans l'un des leurs par « un arrêt injuste, et soumises à l'effet de ce « préjugé qui ne sera jamais entièrement « détruit, parce qu'il exprime cette vérité « morale, que l'on participe à la honte « comme à la gloire de ses proches. Mais cet « intérêt ne peut être mis en parallèle avec « l'inconvénient de remettre en question, « après leur exécution, la vérité ou l'erreur « des condamnations capitales, lorsque les

« familles ne se présenteraient, la plupart
« du temps, que longues années après l'arrêt,
« lorsque les preuves auraient dépéri, et qu'il
« y aurait bien moins de probabilités pour
« la manifestation de la vérité, qu'au jour
« même de l'arrêt attaqué; lorsque ces de-
« mandes s'appuieraient presque toujours ou
« sur la faveur, ou sur l'inimitié, ou sur la
« réaction, ou enfin sur un de ces mouve-
« mens de l'opinion populaire, plus pas-
« sionnés encore. En résultat, pour une in-
« justice réelle reconnue et bien imparfaite-
« ment réparée, on ébranlerait jusques dans
« ses fondemens la justice elle-même.

« *Signé* H. DE SERRE. »

Il est probable que M. Zangiacomi n'a cité cette décision que pour en fortifier son rapport. Mais où trouverait-on un acte plus étrange, plus mal raisonné que celui-ci? Il faut avouer que les ministres sont à plaindre, de ne voir la plupart des objets que par les yeux d'autrui.

Une consultation de jurisconsultes choisis parmi les hommes les plus éclairés de la capitale, porte que la réhabilitation dérive du droit de grâce, c'est-à-dire que le Roi étant investi du droit de remettre la peine au coupable, peut à plus forte raison rendre l'honneur à l'innocent.

Que fait le rapporteur? Il suppose que la famille Lesurques demande la grâce de son malheureux chef, et il répond: comment lui faire grâce de la peine, quand il l'a subie?

Mais ce n'est point une grâce que cette famille demande, elle la repousserait; c'est une justice. La grâce suppose le crime, et nous établissons l'innocence. Que des jurisconsultes aient pensé que le droit de réhabilitation dérive de la prérogative de faire grâce, c'est une opinion raisonnable, et que le Monarque doit accueillir, parce qu'elle tend à relever davantage la majesté du trône: et s'il était nécessaire d'appuyer cette opinion de l'autorité même du Prince, les annales de la clémence royale nous en fourniraient un trait mémorable.

Le général Bertrand est condamné à mort par contumace: il était alors à Ste.-Hélène. Après le décès de Napoléon, il obtient la permission de rentrer en France. La loi l'obligeait à se constituer prisonnier, à purger sa contumace, en subissant les épreuves d'un nouveau jugement. Dans la magnanimité de sa clémence, et voulant donner un grand exemple de son estime pour la fidélité, même envers un ennemi, le Roi remet au général jusqu'à l'obligation de se présenter devant un tribunal, et par le plus noble exercice de sa prérogative, il déclare le jugement aboli. Quel ministre a contresigné cette ordonnance? M. H. de Serre, garde-des-sceaux.

Je voudrais bien que ces magistrats, qui, dans certaines circonstances, se montrent si scrupuleux défenseurs des moindres exigeances de la loi, me disent ce qu'ils trouveraient de contraire aux fondemens de notre législation, aux principes de la justice (dont les lois ne doivent être que l'expression), si le Roi rendait une ordonnance portant que Sa Majesté, après avoir fait examiner les circonstances du procès de Joseph Lesurques, considérant que de cet examen il résulte que cet infortuné est mort victime d'une fatale méprise, ordonne que le jugement qui le condamne sera regardé comme non avenu, et que sa veuve et ses enfans seront déchargés de tous les effets résultans de sa condamnation?

Qui oserait soutenir que la prérogative royale ne saurait s'étendre à un acte aussi simple et aussi légitime?

Mais ce n'est pas la raison qui a présidé à la discussion de cette malheureuse affaire:

les préjugés, les passions, l'intérêt ont trop souvent pris sa place, et le rapport de M. Zangiacomi est une preuve nouvelle et déplorable de la puissance de ces trop funestes aberrations de l'esprit humain.

Abordons maintenant la seconde partie de son travail, celle qu'il a intitulée DISCUSSION. Elle a pour objet la question de droit: *La mémoire d'un homme condamné ou par injustice, ou par erreur, peut-elle et doit-elle être réhabilitée ?*

Certes si l'on ne consulte que ce sentiment du juste que Dieu a déposé dans le fond de nos cœurs, pour y former ce noble et infaillible tribunal qu'on appelle la conscience, cette question sera bientôt résolue : car dans quelle conscience ne se trouverait pas écrite cette belle et admirable maxime, *que l'on doit réparer le mal que l'on a fait?* Mais que nous sommes loin de vivre dans ce monde supérieur et intellectuel, où tout a été ordonné par la sagesse éternelle ! et que les rapports de M. Zangiacomi sont différens de ces célestes institutions dont l'injustice et l'erreur ne sauraient approcher !

DISCUSSION.

Si la révolution n'eût pas bouleversé ou changé toutes nos lois; si l'ordonnance criminelle de 1670, ouvrage du siècle immortel de Louis XIV, n'eût pas fait place à l'institution du jury, ouvrage de nouveanx législateurs, qui, en rappelant la jurisprudence de nos temps reculés, ont cru faire un acte digne des plus beaux âges de la civilisation, l'infortunée famille Lesurques ne pleurerait pas vainement, depuis plus de vingt-cinq ans, sur le tombeau d'un époux, d'un père, et n'aurait pas à regretter la perte de la fortune qu'il avait amassée pour ses enfans. Son nom, comme celui de Calas, serait aujourd'hui honoré, et de fanatiques zélateurs des œuvres de la révolution ne diraient pas *périsse la justice, plutôt que l'honneur de nos nouvelles institutions.*

Nous avons un aveu précieux de M. Zangiacomi. Il convient que sous l'ancienne législation criminelle, la révision des procès était non seulement permise, mais facile; qu'elle était de droit, même après la mort du condamné. Si le juge s'était trompé, s'il avait été trompé, s'il avait voulu tromper, les victimes de ses erreurs, de ses passions, ou de son imprévoyance, n'étaient pas immolées sans retour, et si leur malheur était assez grand pour qu'elles perdissent la vie, elles pouvaient au moins sauver l'honneur.

Il s'en faut bien que notre législation nouvelle, trop prônée peut-être par ses auteurs, offre les mêmes avantages. On avoue généralement qu'elle est incomplète et quelquefois inconciliable avec les plus simples élémens de la raison et de la justice : empreinte de cet esprit d'imprévoyance et de précipitation qui caractérisent la plupart des créations de nos temps révolutionnaires, elle repousse les larmes du malheureux ; et si le sang de l'innocence coule sur l'échafaud, elle dit sèchement : *Je suis sans regret, parce que je suis sans pouvoir.*

Malheureux ! dites donc : *Je suis pénétré de regret, parce que je suis sans pouvoir.* Je reconnaîtrai alors le langage d'un homme.

Ainsi nos modernes législateurs confessent que quelques-unes de leurs institutions sont imparfaites, cruelles, incompatibles avec les principes éternels de la justice ; ils le confessent et ils continuent de les défendre et de les admirer ! et ils osent dire que les compléter, les réformer, les mettre d'accord avec les lois de la justice, ce serait bouleverser les fondemens de la jurisprudence ! tous s'enferment obstinément dans cet étrange paradoxe, depuis M. Siméon jusqu'à M. Zangiacomi. Singulier aveuglement de l'amour paternel!

« Si l'ancienne législation, dit M. le Baron « Zangiacomi, rendait facile la révision des « jugemens criminels, depuis l'institution du « jury, il en est autrement. Les actes écrits « de la procédure ne sont que de simples « notes utiles seulement aux magistrats qui « informent ou accusent. Après la mise en « jugement, elles disparaissent totalement du « procès. Dès ce moment tout est public et « oral. Il est défendu aux jurés de prendre « connaissance de ces actes secrets. La loi « ne leur prescrit aucune règle pour appré- « cier et juger les faits; elle ne leur impose « d'autre devoir que de s'interroger eux- « mêmes dans le silence et le recueillement, « et de chercher dans la sincérité de leur « conscience quelle impression ont faite sur « leur raison les preuves rapportées contre « l'accusé et les moyens de sa défense : elle « ne leur fait que cette seule question : *Avez-* « *vous une intime conviction?* »

J'ai déjà examiné cette circonstance de notre législation; j'ai répondu, dans le mémoire justificatif, aux inductions qu'on pouvait en tirer : mais je dois relever ici une erreur échappée à M. Zangiacomi. Il prétend que dans les procès criminels, il est défendu aux jurés de prendre connaissance des actes écrits de la procédure.

Nous avons tous été jurés, et nous savons que les actes de la procédure ne sont point réellement secrets et interdits aux jurés. Lorsque les accusés paraissent devant les jurés, on les interroge: si leurs réponses ne sont point conformes à leurs précédentes déclarations, on les leur oppose; souvent même on en fait lecture aux jurés. Nous en avons tous les jours des exemples. On l'a fait dans le procès de Poitiers, dans celui de Colmar, dans celui des conspirateurs de La Rochelle.

Les pièces écrites ont donc une autorité reconnue; elles ne sont point cachées; elles servent à éclairer la religion des jurés. On les produit, on les consulte. Elles peuvent également conduire à la vérité ou découvrir l'erreur.

Et nous avons ici une autorité que M. Zangiacomi ne récusera sûrement pas, puisque c'est la sienne propre. Il convient lui-même que pour se faire une opinion, dans le procès de Lesurques, il en a réuni toutes les circonstances connues, qu'il a recherché dans les pièces du procès ce qui a pu vraisemblablement influer sur la décision du jury, et il ajoute « que l'on doit rencontrer juste dans cette « investigation, lorsque, comme il l'a fait, « on ne se fonde que sur des choses matériel- « lement vraies ou convenues. »

Eh bien! je prends acte de cet aveu, et me rangeant pour cette fois, et sans tirer à conséquence, de l'avis de M. Zangiacomi, je professe, avec lui, que dans le procès du malheureux Lesurques, la lecture des pièces, faite sans prévention et de bonne foi, suffit pour prononcer sur son innocence ou sa culpabilité. Nous avons fait l'un et l'autre la même épreuve, nous avons l'un et l'autre étudié les mêmes documens; il ne s'agit plus que de savoir lequel des deux a le mieux rempli les conditions dont je viens de parler, et produit une plus forte impression sur les lecteurs.

Mais dans tous les cas, ici tombe, du consentement même de M. Zangiacomi, cette grande objection que les jugemens par jurés sont irréformables, parce que rien n'y est écrit, tout est oral et se passe dans le for intérieur du juge. M. Zangiacomi ne peut plus nous opposer cette difficulté, parce que nous l'opposerions à lui-même ; nous lui dirions : si l'examen des pièces vous a paru suffisant pour former votre jugement, pourquoi voulez-vous qu'il soit insuffisant pour former le nôtre ?

Mais voici une nouvelle objection. M. Zangiacomi reconnaît que les jugemens des jurés sont si peu infaillibles, que la loi elle-même a noté les circonstances où ils peuvent être réformés. Il rappelle ces circonstances, comme nous les avons rappelées dans le mémoire justificatif, et saisissant tout ce qui peut appuyer le système qu'il s'est fait, et servir ses vues, il s'arrête surtout à cette particularité, que Lesurques n'existant plus, il est impossible de le remettre en jugement. Il y a trop de vérité dans cette assertion. Mais il ne s'agit pas de remettre Lesurques en jugement, il ne s'agit pas de ranimer les cendres glacées de Dubosq pour le confronter avec Lesurques : il s'agit de savoir lequel, dans cette horrible méprise des jurés, qui a frappé sept têtes au lieu de cinq, lequel est le coupable de Lesurques ou de Dubosq ? Nous avons l'aveu de M. Zangiacomi; les pièces suffisent pour former un jugement dans cette affaire ; celui de M. Zangiacomi est opposé au nôtre : il n'est plus question que de trouver une autorité qui prononce entre nous deux (1).

Je ne m'arrêterai point ici à relever quelques-uns de ces mots industrieux que M. Zangiacomi sème adroitement dans son discours, quelques-unes de ces distractions qui lui échappent de temps en temps; mais je dois le combattre quand il assure que le fait à juger aujourd'hui se réduit à une question d'identité, au seul point de savoir si un homme que les témoins ont vu, il y a vingt-cinq ans, dans une rencontre fortuite, ressemblait à tel ou tel autre?

Moi je prétends que la question consiste à savoir si l'individu que des témoins ont vu était Lesurques ou Dubosq? Or indépendamment de toute ressemblance, il est évident que ces témoins se sont mépris en désignant Lesurques; car faites abstraction de leurs dépositions, vous trouverez dans le reste du procès de quoi condamner Courriol, Durochat, Vidal, Dubosq et Roussy. Faites abstraction de ces dépositions à l'égard de Lesurques, vous ne trouverez qu'un homme de bien irréprochable sous tous les rapports.

(1) M. le Procureur du Roi de la Cour de Versailles a été, de son côté, chargé de faire un rapport sur le procès de Lesurques; nous verrons bientôt s'il est d'accord avec M. Zangiacomi ou avec nous.

Tout son procès se réduit à ceci : quatre à cinq individus, qui se sont trompés dans tout ce qu'ils ont dit, soutiennent avoir vu Lesurques sur la route de Melun; donc il est démontré qu'il a assassiné le courrier de Lyon. Les 30 pages in-4° consacrées par M. Zangiacomi à la question de fait ne contiennent pas autre chose. La question de droit n'est pas traitée avec plus de soin.

M. le Rapporteur prétend qu'il ne peut y avoir un nouveau jugement quand l'individu dont il s'agit n'existe plus; et la révision, dans ce cas, ne serait, suivant lui, qu'un vain appareil.

M. le Rapporteur nous a néanmoins assuré que le procès de Lesurques avait été réellement révisé à Versailles, et pourtant Lesurques était mort. Comment un magistrat du mérite et du rang de M. Zangiacomi est-il si rarement d'accord avec lui-même? Nous allons le trouver de nouveau en opposition avec ses propres assertions.

La Chambre des Pairs a pris une résolution dont l'objet est de supplier Sa Majesté de vouloir bien adresser aux Chambres une loi qui statue sur un mode de révision à suivre, lorsque deux accusés ayant été condamnés par deux arrêts différens, pour le même crime, les deux arrêts ne pouvant se concilier, seront la preuve de l'innocence de l'un ou de l'autre des deux condamnés, et que *le premier de ces deux condamnés aura cessé de vivre.*

Il est évident que la Chambre des Pairs a cru que la loi qu'elle sollicitait était possible; car autrement elle ne l'aurait pas proposée. Il est évident qu'elle a voulu particulièrement manifester son opinion à l'égard du malheureux Lesurques. M. Zangiacomi a trop de pénétration pour ne pas en être persuadé.

Cependant il représente cette Chambre comme embarrassée, et parce qu'elle s'est abstenue de présenter un projet de loi, et qu'elle a déclaré, avec cette haute confiance qu'inspirent la justice et les lumières du Monarque, qu'elle s'en rapportait à Sa Majesté, M. Zangiacomi en tire l'induction qu'elle a cru cette loi impossible, qu'elle y a trouvé des difficultés insurmontables.

Mais quelles seraient donc ces difficultés, si, comme M. Zangiacomi nous l'a dit, les pièces du procès suffisent pour avoir une opinion? Quelles seraient ces difficultés, s'il arrivait que le législateur voulût assimiler (pour l'effet seulement) le témoignage erroné au faux témoignage; s'il voulait ajouter une exception nouvelle aux exceptions déjà prévues; s'il joignait aux dispositions connues de la loi, une disposition conçue en ces termes :

« Lorsqu'il sera démontré que des témoins « se sont trompés, et qu'un accusé n'aura « été condamné que sur leurs seules déposi- « tions, le jugement sera regardé comme s'il « eût été rendu par de faux témoins. »

M. Zangiacomi dira-t-il qu'il n'est point démontré que les témoins se soient trompés; qu'il a rassemblé assez de circonstances pour jeter du doute sur l'innocence de Lesurques, et que *s'il y a du doute, la chose jugée a toute la force de la vérité; qu'elle est et doit rester inébranlable?*

J'ai déjà eu occasion d'admirer la singularité de sa logique : ce dernier raisonnement est plus singulier peut-être que tous les autres. Je suppose en effet que dans un procès criminel il y ait du doute sur la culpabilité d'un condamné; vous croirez probablement que dans ce cas, sa culpabilité n'est que douteuse; c'est une conséquence conforme à toutes les règles du bon sens : mais il n'en est pas ainsi avec M. Zangiacomi; il a une manière de raisonner tout-à-fait à lui. Si la chose jugée, dit-il, est douteuse, elle doit avoir toute la force de la vérité; elle est et doit rester inébranlable.

Quoi, s'il est douteux qu'un accusé ait été justement condamné, je dois tenir sa condamnation pour juste! Quoi, il ne m'est pas permis d'éclaircir ce doute, et par égard pour celui qui a porté le jugement, je dois le tenir pour bien rendu!

Mais voici une objection que je propose à M. Zangiacomi. Si la chose jugée a toute la force de la vérité pour Lesurques, elle doit aussi avoir toute la force de la vérité pour Dubosq, et, dans ce cas, vous aurez deux vérités opposées, contradictoires, incompatibles. Ces singularités ne peuvent se trouver que dans l'*art de raisonner* à l'usage de M. Zangiacomi.

Voyons s'il sera plus heureux dans la suite de son rapport. On a vu que dans la première partie, il n'a rien oublié pour jeter des nuages sur l'innocence de Lesurques. On pouvait croire que la seconde serait consacrée toute entière à la question de droit. Mais comme si M. Zangiacomi avait un intérêt personnel à troubler la cendre de cet infortuné, il revient de nouveau sur la question de fait, et voici comment il justifie cette récidive:

« La question de savoir si l'on doit ou non
« proposer une loi qui autorise la révision du
« procès de Lesurques, dépend de celle de

« savoir s'il y a ou non des preuves certaines,
« positives, indubitables de son innocence,
« et c'est ce que je vais examiner, en discutant
« les faits justificatifs contenus dans le mé-
« moire imprimé. »

Je remercie M. Zangiacomi d'avoir bien voulu enfin donner quelque attention à ce mémoire; mais avant d'entrer en discussion avec lui, je lui demande la permission de lui proposer encore quelques observations.

Quoi qu'il soit vrai que la Chambre des Pairs ait eu l'intention de satisfaire et sa propre opinion et celle de toute la France, en proposant une loi propre à laver la mémoire de l'infortuné Lesurques, il n'en est pas moins constant qu'elle a posé la thèse d'une manière générale, et qu'indépendamment de la cause de Lesurques, la loi pourrait être proposée. On convient unanimement que notre législation criminelle est incomplète, et qu'elle offre des lacunes qu'il serait important de remplir. Rien n'empêcherait donc de proposer la loi d'une manière générale, sans acception de personnes, sauf à n'en pas faire usage en faveur de Lesurques, dans le cas où sa cause ne remplirait pas les conditions exigées par la loi.

Cette idée est si naturelle, si simple, qu'elle

a constamment frappé tous les esprits, sans distinction d'opinion ou de parti.

« S'il existe dans la législation actuelle, « dit le *Constitutionnel*, une lacune qui em« pêche la réhabilitation de l'innocente vic« time d'une erreur déplorable, nul doute « qu'il ne soit d'un pressant intérêt de la « remplir. Toutes les opinions seront d'ac« cord sur ce point. »

Comment M. Zangiacomi n'est-il pas d'accord avec le publiciste que je viens de citer? C'est qu'il craint qu'on ne fasse usage de cette loi pour révéler une erreur qui retombe sur des personnes qu'il aime, qu'il voit tous les jours, dont il partage peut-être les sentimens, dont il chérit les opinions.

Si les preuves me manquaient pour établir cette assertion, je les trouverais toutes faites dans la manière offensive dont M. Zangiacomi rend compte du mémoire justificatif que j'ai eu l'honneur d'adresser au Roi. Je copie scrupuleusement ce qu'il en dit:

« Dans ce mémoire on s'arrête d'abord, et « fort longuement, sur la procédure instruite « en l'an IV contre Lesurques. On dit: « que « le magistrat qui a fait les premières infor« mations, le Directeur du jury, était em« porté par un zèle aveugle hors des voies

« de la justice et de la vérité (*page* 31) ; qu'il
« oublia ce que la prudence, l'humanité et la
« justice lui prescrivaient, et se livra tout
« entier à de funestes préventions (*page* 46);
« que le Président des débats prit l'attitude et
« le langage d'un ennemi personnel (*page* 58);
« qu'il frappa de terreur les témoins, et ne
« permit pas qu'ils s'expliquassent librement
« (*page* 109) ; qu'à l'égard des juges, parce
« que les routes étaient infestées de brigands,
« ils se croyaient obligés d'immoler sans pitié
« les premières victimes qui leur tombaient
« entre les mains (*page* 62) ; que les jurés
« ne prirent pas pour base leurs propres im-
« pressions, mais celles qu'ils avaient reçues
« des juges (*page* 71) ; que M. Siméon, le
« rapporteur de cette affaire au Conseil des
« Cinq-Cents, se montra subjugué par les
« préventions qui avaient égaré le Directeur
« du jury et le Président du tribunal ; qu'il
« s'appliqua uniquement à détruire tous les
« moyens qui pouvaient servir à sauver Le-
« surques (*page* 88) ; qu'il était tourmenté
« du besoin de nuire (*page* 114). »

Telle est la manière et la bonne foi avec laquelle M. Zangiacomi rend compte du mémoire justificatif. Mais était-ce en ennemi ou en juge impartial qu'un magistrat devait lire ce mémoire? Ici les sentimens du rapporteur se manifestent sans détour. Il affecte de citer tout ce qu'il croit capable de donner une idée défavorable de mon caractère, de me montrer comme un homme passionné et porté à l'injure. Il rassemble des phrases éparses dans le mémoire et distantes de vingt, trente, quarante pages; tantôt il les sépare de ce qui précède et de ce qui suit, pour les envenimer; tantôt il les rapproche pour en former comme un faisceau de traits hostiles, et après ce travail artificieux, il ajoute qu'aucune de ces *odieuses inculpations* n'est justifiée, et que bien certainement la dernière ne peut pas l'être. Ainsi il ne craint pas de me blesser dans ce que l'homme d'honneur a de plus cher; il me représente comme un écrivain qui trompe ses lecteurs et calomnie la justice.

Eh bien, je vais justifier ce que M. le Rapporteur prétend ne l'être pas, et nos lecteurs jugeront entre lui et moi. Il ne m'appartient pas de parler de l'impression que le mémoire justificatif a faite sur le public, ni des témoignages honorables qu'il m'a valus; mais ce que je puis attester, c'est que je me suis oublié tout entier en le composant; que je n'ai eu en vue qu'une seule considération, un intérêt unique, celui de la victime dont je défendais la mémoire; je n'ai voulu offenser personne; mon caractère s'y opposerait : mais forcé de dire la vérité, je l'ai dite avec courage, quelquefois même avec une sainte et juste indignation. Je ne rétracte rien de ce que j'ai avancé, et si les amis de M. Zangiacomi se plaignent des nouvelles révélations que je vais faire, des preuves que je vais en donner, ce ne sera pas moi, mais son zèle inconsidéré qu'ils devront en accuser.

J'ai dit, et je ne crains pas de répéter que le Directeur du jury de Melun se laissa emporter par un zèle aveugle, hors des voies de la justice et de la vérité; je l'ai dit, et pour le prouver je n'ai besoin que de son acte d'accusation. N'y soutient-il pas comme vérité incontestable et démontrée, que les prévenus placés sous la main de la justice sont évidemment les auteurs ou les complices de l'assassinat du courrier de Lyon? et cependant Courriol seul était coupable, puisque l'on a reconnu ensuite et puni, comme les véritables auteurs, Durochat, Vidal, Dubosq et Roussy.

N'affirme-t-il pas que Guesno ne saurait échapper à la juste vengeance des lois? et cependant les débats ont démontré son innocence.

Ne se prévaut-il pas contre Lesurques d'un

prétendu témoignage des autorités de son pays, qui le représentent comme un dissipateur, comme un homme de mauvaise conduite? et cependant il avait entre les mains un acte de notoriété rédigé à Douai, le 26 prairial an IV, et conçu en ces termes :

« Par-devant les notaires publics de la résidence de Douai, département du Nord, « soussignés, sont comparus les citoyens :

« Arsenne Coyaux, Constant Desbordes « et Laurent Moraux, tous trois peintres ; « Charles Cavally, Jean Camus, Dominique « Leflon-Bassette, Alphonse Beaufort-Raparlier, Bernard Carpentier, Pierre Colin, « Joseph Dubois-Degand et Jacques-Honoré « Givelet, tous huit marchands; Jean-Baptiste-Guillaume Condom et Hippolyte Nowels, « tous deux écrivains ; Jean-Baptiste Eraisme, « sellier ; Louis Deguine, traiteur ; Jean-Baptiste Lemaire, tailleur ; Joseph Goulois « et Alexandre Lausel-Saintenoy, *tous deux* « *commissaires de police* de cette commune « de Douai, y demeurant tous ; Jean-Baptiste-Joseph Marchand, chef du bureau de la « guerre de cette commune, y demeurant ; « Desiré Lœulliette et Dominique-Joseph « Dumoutier, tous deux marchands, demeurant ci-devant audit Douai, et actuellement

« en la commune de Lille : lesquels ont cer-
« tifié et attesté ès-mains desdits notaires, ne
« rien connaître à reprocher à la conduite
« morale et politique du citoyen Nicolas-
« Joseph Lesurques, ci-devant employé dans
« les bureaux du district de Douai, actuelle-
« ment domicilié à Paris, et détenu à Melun ;
« qu'ils le connaissent au contraire pour un
« homme de probité, exempt de tout soupçon.
« En témoins de quoi ils ont requis le présent
« certificat auxdits notaires et à eux octroyé.

« Ainsi fait et certifié audit Douai, après
« lecture, le 26 prairial de l'an IV de la
« république française, une et indivisible.
« *Registré à Douai, le* 28 *prairial.* »

Quelles sont donc les autorités dont se prévaut M. le Directeur du jury de Melun ? On ne trouve, dans toutes les pièces, qu'une lettre du Commissaire du pouvoir exécutif à Douai, en date du 29 floréal an IV, dans laquelle il dit que Lesurques *a de la capacité, qu'il est d'un caractère très-sociable, généreux à l'excès, et qu'il s'est fait une fortune très-avantageuse*. Il rend justice à sa probité ; mais il lui reproche des liaisons trop intimes avec des actrices, des parties de cheval et une disposition à la dépense qui pourrait peut-être un jour compromettre ce qu'il a gagné.

Un acte semblable autorisait-il le Directeur du jury de Melun à le représenter comme un homme sans conduite et sans fortune ?

Etait-il autorisé aussi à le représenter comme une espèce de vagabond, en lui reprochant de n'avoir ni passeport, ni carte de sûreté, et de faire usage d'une carte de sûreté qui n'était pas la sienne ?

Eh bien ! les pièces du procès répondent encore sur ce point à M. le Directeur du jury. On y trouve le passeport de Lesurques délivré à Douai, sept mois avant son procès ; on y trouve la carte de son cousin qu'il pouvait très-innocemment avoir dans son porte-feuille ; on y trouve la carte en blanc dont le Directeur du jury a cru devoir faire tant de bruit : or cette carte ne porte ni sceau, ni timbre de section ; elle est radicalement nulle, et les recherches faites à ce sujet ont prouvé qu'elle s'était trouvée dans des masses de papiers vendus à l'époque de la suppression des sections.

Mais en supposant même que le malheureux Lesurques n'eût ni passeport, ni carte, qui oserait lui en faire un reproche ? Combien d'honnêtes gens étaient dans le même cas que lui ? et quel est l'homme connu à Paris qui ait jamais pensé à se munir au bureau central d'une carte de sûreté? Ses juges eux-mêmes en étaient-ils pourvus?

Quand le Directeur du jury de Melun rassemblait toutes ces circonstances, quand il en dénaturait une partie, remplissait-il avec impassibilité le noble sacerdoce dont la loi lui confiait l'exercice? J'ai donc eu raison de m'expliquer, à son sujet, comme je l'ai fait; et je n'ai aucune rétractation à faire.

Je passe maintenant au Président des débats. Je ne l'ai point nommé; M. Zangiacomi a imité ma réserve : je veux bien y persister. Mais il est nécessaire néanmoins que l'on sache que ce Président était un ancien ministre de la justice sous le régime de la terreur, un ancien député chargé, après la fatale journée du 10 août, de faire le rapport des pièces trouvées au château des Tuileries, et que depuis le procès de Lesurques, il eut l'honneur d'être promu aux fonctions de Directeur de la République.

Que M. Zangiacomi prenne la défense, qu'il se fasse même l'apologiste de ses anciens amis, de ceux peut-être à qui il a présenté d'humbles hommages, dont il a convoité les faveurs, je ne veux pas lui disputer ce mérite; mais qu'il m'accuse d'avoir trahi, envers eux, les droits de la justice et de la vérité, c'est une imputation que je ne dois pas souffrir.

Or il est démontré par des faits et par des écrits que ce Président s'est livré, comme le Directeur du jury de Melun, aux plus injustes et aux plus violentes préventions.

PAR LES FAITS : Le malheureux orfèvre Legrand a été tellement effrayé de ses emportemens, que sa raison s'est aliénée et qu'il est mort à l'hospice de Charenton. Une jeune fille, appelée comme témoin, s'est évanouie. M. Eymery, interpelé de parler sans crainte et sans passion, s'est écrié: « Oui, sans crainte, malgré tout ce que l'on fait ici pour l'inspirer. » Madelaine Bréban se présente avant le jugement, pour prévenir de funestes erreurs et découvrir toutes les circonstances du crime; on refuse de l'écouter; on lui déclare qu'il n'est plus temps.

PAR LES ÉCRITS : Les journaux de cette époque constatent qu'on n'a point voulu entendre des ouvriers qui venaient déposer de l'*alibi* de Lesurques. J'en ai cité des passages dans le mémoire justificatif.

Mais voici une nouvelle autorité, tirée des Annales universelles du 11 prairial an V (30 mai 1797).

« On vient d'arrêter le véritable complice « du courrier de Lyon, celui pour lequel Lesur-

« ques a été condamné. Lesurques était donc « innocent! il était innocent! L'institution « salutaire du jury n'est donc point assez par- « faite pour garantir le citoyen paisible et sou- « mis aux lois de la haine de ses ennemis ou « de l'erreur de ses juges! Elle peut donc avoir « aussi *ses Calas, ses Sirven, ses Montbailly!*

« Le malheureux Lesurques a protesté de « son innocence jusques sur l'échafaud. Les « coupables condamnés avec lui ont déclaré « qu'il n'avait aucune part au crime. Il a donné « les preuves d'*alibi*, et sur le dire de quel- « ques témoins qui ont cru le reconnaître, « sur *le résumé partial* de G....., les jurés « l'ont livré aux mains du bourreau! Le Corps « législatif n'a point voulu accorder de sursis!

« Les parlemens, accusés d'être si passion- « nés, auraient été cependant assez humains « pour ordonner *un plus amplement informé.* « Mais pouvait-on l'espérer? Merlin était « ministre de la justice, les deux tiers conven- « tionnels étaient encore dans les conseils. « Heureux le peuple chez lequel la mort d'un « innocent est une calamité publique! Heu- « reux surtout le peuple pour qui cette mort « est une leçon! »

Par qui ces réflexions ont-elles été écrites? Par un magistrat vertueux qui siége aujourd'hui avec distinction à la Cour royale de Paris.

Des observations courageuses publiées et distribuées au Conseil des Cinq-Cents, par M. Guinier, avocat, attestent que tout fut en faveur des témoins à charge, tout en défaveur des témoins à décharge.

« Je n'ai cessé, dit-il, d'assister aux débats, « et j'ai été frappé de cette différence. Les « inconséquences des observations du prési- « dent aux jurés étaient saillantes. Il parla le « dernier; il *discuta* quand il devait se ren- « fermer dans un simple résumé, et les débats « ainsi fermés, les accusés ni les défenseurs « n'ont pu relever ses erreurs.

« J'avoue que l'institution du jury est favo- « rable aux accusés; mais je n'en suis pas « moins persuadé qu'elle peut frapper un in- « nocent, surtout lorsque l'on s'écarte des « règles qui en font la sauve-garde, lorsqu'au « lieu de l'impartialité du magistrat, on ne « trouve que *la prévention et l'acharnement*, « lorsque l'accusé est traité avec cette rigueur « que la loi défend et qui annonce *un con- « damné avant qu'il ait été entendu*. La « conduite tenue dans cette sanglante affaire « me révolte; mon cœur se comprime; je « commande à mon indignation (1). »

(1) Observations sur le rapport de la commission chargée par le Conseil des Cinq-Cents d'examiner l'affaire du nommé Lesurques.

Dans quel temps M. Guinier parlait-il ainsi? A l'époque même où l'on délibérait sur le sort de l'infortuné Lesurques, où M. Siméon était chargé de décider de sa vie ou de sa mort; dans un temps où la tyrannie républicaine, fille sanglante de la tyrannie conventionnelle, était dans toute sa plénitude, où des juges exerçaient sur les malheureux soumis à leurs arrêts le même despotisme qu'ils avaient exercé dans la Convention ou dans les comités révolutionnaires.

Il fallait que les reproches articulés par M. Guinier fussent bien notoires, pour oser les publier à une pareille époque.

Que dira maintenant M. Zangiacomi? Prétendra-t-il nous opposer sa seule autorité, et démentir des faits aussi constans? J'ai remarqué dans son rapport une cause d'erreur que je dois signaler ici; c'est qu'il nous représente constamment la magistrature de ces temps d'opprobre et de désolation comme digne des mêmes égards, du même respect, de la même confiance que la magistrature de nos jours. Mais je l'ai vue, cette magistrature, et je sais de quels élémens elle se composait. J'ai vu siéger à Paris, à l'époque même du procès de Lesurques, l'homme qui dans le cours de mes proscriptions avait pressé le député *Bourbotte* de lui livrer ma tête. J'ai rapporté dans le mémoire justificatif le jugement rendu en faveur des assassins de septembre, par le même tribunal qui frappait la tête de l'innocent Lesurques, et je dois ajouter, pour mieux faire connaître ces heureux temps, que quelques jours après on acquittait le brigand qui avait porté celle du député Ferraud.

Qu'il se trouve encore parmi nous des hommes intéressés à couvrir d'un voile officieux ces pages sanglantes de notre histoire révolutionnaire, je le conçois facilement, et M. Zangiacomi le concevra sans doute mieux que moi : mais moi je ne suis point dans cette misérable extrémité ; je devais parler sans crainte ; je l'ai pu et je l'ai fait.

M. Zangiacomi m'accuserait-il d'avoir calomnié cette glorieuse époque, parce que j'aurais dit qu'alors les routes étaient infestées de brigands, et que dans leur saint zèle pour la république, il se trouvait des magistrats plus pressés de frapper la victime que d'examiner si elle était coupable ? Je lui répondrai, sans hésiter, que telle était alors l'opinion de la France pour ces magistrats, que dans le procès de Lesurques, cette partie du peuple qui juge par sentiment plutôt que par raisonnement, fut persuadée qu'il n'avait péri que parce qu'il était riche, et que la république voulait se dédommager à ses dépens. Sans doute c'était une erreur, puisque le Directoire lui-même voulut sauver cet infortuné ; mais elle prouve, cette erreur, quelle était la considération dont jouissaient alors quelques tribunaux.

Quelle foi faut-il donc ajouter à M. Zangiacomi, lorsqu'il s'en fait l'apologiste ; lorsqu'il soutient que tous ceux qui ont pris part à cette malheureuse affaire ont rempli leurs pénibles devoirs, et qu'à l'appui de cette assertion, il cite la régularité des actes du procès et la durée des débats, qui n'ont été fermés qu'après trois jours et près de trois nuits de discussion ; lorsqu'il prétend que la durée de ces débats démontre qu'on n'a pas empêché les témoins de s'expliquer, et qu'il invoque encore le témoignage *officiel* de M. Giraudet et de M. Collenel ; lorsqu'il se fortifie aussi d'un passage du rapport de M. le Comte de Valence, où il est dit que la commission n'aura point à gémir sur l'injustice et la partialité des juges ; que jamais leurs diverses fonctions ne furent remplies avec plus de lenteur et plus d'humanité ?

En vérité, la logique de M. Zangiacomi me confond. Quoi, parce que les débats ont duré trois jours et trois nuits, il en résulte que les témoins ont eu la liberté de s'expliquer ! Mais trois jours de violence et d'injustice ne sont-ils pas aussi possibles que trois jours de calme et d'équité? la régularité des actes d'un procès est-elle la preuve de sa justice? M. Collenel et M. Giraudet ont soutenu ces faits dans des rapports *officiels*. J'ai déjà démontré ce qu'il fallait penser de ces rapports. Ce titre d'*officiels* sourit singulièrement à M. Zangiacomi. Je ne sais quel respect, quelle magie M. Zangiacomi attache à ce mot *officiel*. Ce qui est officiel pour moi, ce sont les pièces du procès. Qu'importe la dignité d'un rapporteur, la vérité n'est-elle pas toujours la même? et M. Zangiacomi croit-il que son rapport aura plus de poids, parce qu'il est Conseiller d'Etat et Baron? et M. Zangiacomi, autrefois honnête marchand à Nancy, partagerait-il l'erreur de ces petits hommes, qui, voyant leur ombre s'agrandir au coucher du soleil, ne s'aperçoivent pas que leur grandeur apparente est l'effet de leur position?

Quant à M. de Valence, M. Zangiacomi sait comme moi qu'il était alors atteint d'une maladie qui a mis fin à ses jours, et hors d'état de consulter les pièces; qu'il s'en rapporta à quelques amis, et dit plutôt ce qu'il devait croire vrai que ce qui l'était en effet.

M. de Valence a dit aussi que Dubosq

avait reconnu son crime; en le disant, il n'avait sûrement pas l'intention de servir le malheureux Lesurques aux dépens de la vérité: il avait rapidement recueilli l'ensemble des faits, et sa mémoire ne fut pas toujours d'accord avec son cœur et la pureté de ses nobles intentions. Sa dernière pensée fut pour Lesurques; en demandant à Dieu grâce pour lui-même, il la demandait aussi pour l'infortuné dont il sollicitait la justification.

Quant à M. Siméon, ce que j'ai dit de son rapport, j'ai dû le dire. Mais il a sur M. Zangiacomi un avantage; il n'a dénaturé les faits qu'une fois. M. Zangiacomi les dénature deux fois; il les reprend de nouveau et les examine avec une partialité plus odieuse encore qu'auparavant; il ne craint pas d'attaquer personnellement ma véracité et de calomnier celle de tous les témoins qui ont déposé dans cette affaire; il continue d'identifier toutes leurs dépositions avec celles de l'orfèvre Legrand et d'entacher celle-ci du crime de faux, quoiqu'elle ait été absoute judiciairement de cette imputation (1). On a vu plus haut les nouvelles

(1) Qu'importait d'ailleurs la date du registre de cet orfèvre, puisqu'il déclarait qu'il ne se passait pas un jour que Lesurques ne vînt le voir, et qu'à cette époque il n'y en eût pas un seul d'interruption?

déclarations de ces témoins; en voici une autre que je joins aux premières :

« Je soussignée, déclare que je suis prête « à renouveler devant Dieu et la justice, la « déposition que j'ai faite au tribunal criminel « de la Seine, dans le procès de l'infortuné « Lesurques, et de laquelle il résulte que « non-seulement j'ai vu cet infortuné le 8 floréal de l'an IV, mais qu'il m'était impossible « de me tromper, parce que depuis plusieurs « mois il n'était pas un jour que je ne le visse, « tantôt dans la maison que j'habitais, tantôt « chez l'épouse de M. Theriot, docteur en « médecine; en foi de quoi j'ai signé. A Paris, « le 22 octobre 1822.

« *Signé* Clotilde D'ARGENCE. »

M. Zangiacomi s'était-il donc persuadé que tous ces témoins étaient morts, et qu'ils ne pouvaient sortir du tombeau pour venir désavouer son rapport ? Non, la mort ne les a pas tous moissonnés; le plus grand nombre existe encore, et tous sont indignés qu'on ose jeter des doutes sur leur véracité et calomnier leurs sermens; tous sont prêts à justifier la proposition que j'ai soutenue : *cinq témoins qui ont pu se tromper ont déposé contre Lesurques; quinze qui ne pouvaient se tromper ont déposé pour lui.*

Que M. Zangiacomi prétende, tant qu'il lui plaira, qu'aucun des faits que j'ai rapportés ne *saurait être constaté d'une manière authentique, et qu'il est impossible de les vérifier*, j'opposerai sans crainte ma véracité et mes connaissances aux siennes; car j'ai fait plus de recherches que lui, je me suis donné plus de soin que lui pour arriver à la vérité, et il n'est pas un jour qui ne vienne jeter une nouvelle lumière sur ce triste et déplorable sujet; il n'est pas un de ceux qui ont vu, qui ont connu cette infortunée victime, qui ne soit convaincu de son innocence, qui ne parle de son malheur avec attendrissement, qui ne soit prêt à fournir sa part de renseignemens pour fortifier les preuves qui ont été développées dans le mémoire justificatif. J'ai l'obligation à M. l'abbé Pacot, prêtre de Saint-Sulpice, et à M. le curé de Soisy-sous-Etioles, de m'avoir procuré un nouveau document qui ne sera pas sans interêt dans cette cause.

M. Le Roy, ancien capitaine d'infanterie, avait à peine échappé au régime de la terreur, qu'il fut de nouveau arrêté comme prévenu de servir la cause de S. M. actuellement régnante. Il se trouva à la Conciergerie avec M. le Comte de Noyan, à l'époque où l'on instruisait le procès des assassins du courrier du Lyon. Il eut occasion de les voir souvent et de leur parler : ils faisaient venir leurs provisions du dehors et vivaient ensemble à une table bien servie. M. le capitaine Le Roy et M. de Noyan, qui les croyaient innocens, consentirent quelque temps à manger avec eux, et se séparèrent dès qu'ils purent les soupçonner coupables. *Lesurques vivait seul et sans relations avec les autres.* Ni M. le Comte de Noyan, ni M. Le Roy ne le virent avant le jour où il fut appelé au tribunal. Voici de quelle manière M. Le Roy raconte cette circonstance :

« Si je l'ai connu, ce ne fut que par les « fréquentes visites que son épouse venait « faire journellement à son mari, accompagnée « de ses enfans, qui étaient des petits amours, « ce qui me fit distinguer cette famille. « Lorsque les prévenus furent conduits au « tribunal, comme nous habitions la chapelle « par laquelle les détenus passent pour y « monter, le fils du concierge vint auparavant « me prier de ne pas nous y trouver et de « passer à la geole. Le Comte de Noyan y fut, « et je me mis sur mon grabat la tête sous la « couverture. Peu de temps après parurent les « prévenus avec les guichetiers : ce ne fut,

« dans ce moment, que pleurs et gémissemens.
« Dans cette scène effrayante, je remarquai
« que le sieur Lesurques, qui gardait un
« profond silence, se mit à genoux, joignit
« les mains, et levant la tête, proféra ces mots:
« *Mon Dieu, vous connaissez mon innocence;*
« *j'espère que vous la ferez connaître.* Cette
« affaire dura plusieurs jours, et le résultat fut
« la condamnation des coupables et d'un
« innocent (le sieur Lesurques). A la sortie
« du tribunal, les condamnés furent amenés
« au greffe de la prison, où je me transportai,
« et j'entendis les coupables qui alors avouaient
« leur crime, *assurer que le sieur Lesurques*
« *ne l'était pas, et qu'il avait été pris pour un*
« *autre.* Ce malheureux ne sortira jamais de
« ma mémoire, et je ne puis y songer sans
« frémir. Cette triste scène se passa en pré-
« sence du fils du concierge et de plusieurs
« guichetiers dont je ne me rappelle pas les
« noms, sinon de Richard, concierge, et de
« son fils, greffier.

« Quoique la mémoire du malheureux Le-
« surques et son innocence soient reconnues
« dans l'opinion publique, je dois à la vérité
« ma portion de preuve, et je le fais avec
« toute la vérité et la sincérité. En foi de quoi
« j'ai délivré à son infortunée famille, trop à

« plaindre, mais respectée, le présent cer-
« tificat, à Etiolles, ce 15 novembre 1822 (1).

« *Signé* Le Roy, *ancien Capitaine.* »

Comment expliquer ce concours extraordinaire d'opinions et de circonstances, si Lesurques n'est pas innocent?

Mais M. Zangiacomi ne tient compte que de ce qui peut nuire à cet infortuné. Tout entier au système qu'il s'est fait, livré sans réserve à d'autres considérations que celles de la justice et de l'impartialité, il revient sans cesse sur ce qu'il a dit, et croit, en se répétant, donner plus de force à son opinion. C'est un vieil artifice du barreau trop usé pour tromper personne.

Ainsi, après avoir discuté dans la première partie les déclarations de Courriol, de Durochat, de Madeleine Bréban, de Goulon et

(1) Nous tenons également d'un avocat très-honorablement connu au barreau, et depuis de longues années, que le défenseur de Courriol dit aux défenseurs de Lesurques et de Guesno, avant l'ouverture des débats : « Je ne puis m'expliquer sur Courriol; « mais défendez vos cliens avec confiance; car ils sont « innocens l'un et l'autre. » Le même avocat, consulté par Madeleine Bréban sur la déposition qu'elle voulait faire avant la déclaration des jurés, l'adressa au bureau central.

Cauchois, il les discute encore dans la seconde, et redouble de sophismes pour en atténuer la force. « *Si ces déclarations sont* « *vraies*, dit-il, *si on y ajoute complètement* « *foi, il faut tenir que Lesurques est inno*« *cent, et que sa condamnation implique avec* « *celle de Dubosq*. Mais ces actes sont-ils de « nature à subjuguer l'esprit? peut-on être « convaincu de leur sincérité? »

Ici M. Zangiacomi reprend tous les argumens auxquels nous avons déjà répondu. Les déclarations de Cauchois et de Goulon ne sont, suivant lui, que la répétition de celle de Madeleine Bréban, et celle de la Bréban n'est que la répétition de la déposition de Courriol; elles ne méritent donc aucune considération. Courriol, Durochat et Roussy sont des misérables flétris par la justice; on ne saurait croire sur un fait, des gens qui sont convaincus de mentir sur d'autres et d'avoir reçu de l'argent pour mentir. Or Courriol a menti, Durochat a menti, et s'est fait payer pour mentir.

Quelque fastidieuses que soient ces répétitions, il faut cependant s'y arrêter de nouveau, afin de juger de la bonne foi ou de la logique de M. Zangiacomi.

Courriol a menti. Voici comme on le prouve:

« Courriol dit que Lesurques est innocent;
« mais il dit aussi que *Bernard et Richard*
« *sont morts innocens*, et le fait est faux; il
« dit, pour disculper Bernard, que c'est sur
« ses chevaux de lui, Courriol, que les assas-
« sins étaient montés, et le fait est encore
« faux. »

J'ai déjà répondu à ces pitoyables subtilités, et tous les retours de M. Zangiacomi ne sauraient ébranler les raisonnemens dont je me suis servi. Je ne les répéterai pas ici, parce que je ne veux point, comme M. le Rapporteur, fatiguer la patience de ceux qui me lisent: mais je ferai observer de nouveau la légèreté avec laquelle M. Zangiacomi procède dans un examen aussi important. Il fait dire à Courriol que *Richard était mort innocent*, et Richard n'a pas été condamné à mort! Qu'aurait à répondre M. Zangiacomi, si je le priais de vouloir bien produire cette prétendue déclaration de Courriol, si je me plaignais qu'elle fut toute de son invention? Est-ce par de pareils subterfuges que l'on prétend éluder la vérité et porter atteinte à cette impression profonde qui résulte des dernières paroles d'un mourant?

Durochat a menti, dit encore M. le Rapporteur, *et s'est fait payer pour mentir.*

Voyons les preuves : « Durochat dit, comme « Courriol, que Lesurques est innocent; mais « il se contredit sur Bernard, qu'il représente « d'abord comme un voleur justement puni, « puis comme un homme sans reproche qui « a été sacrifié : et ce Durochat, qui veut « quelque temps après sauver Dubosq, dit « qu'il ne le reconnaît pas; il l'affirme parce « qu'il a été payé pour l'affirmer, et il en « fait l'aveu honteux. »

J'ai exposé dans le mémoire justificatif tout ce qui concerne Durochat. Ses interrogatoires, ses déclarations sont en ce moment sous mes yeux; j'en extrais d'abord ce qui regarde Bernard.

« Les seuls qui furent du complot avec « moi, sont Vidal, Roussy, Dubosq et Courriol. *Bernard n'a fait que prêter les chevaux.* A notre retour à Paris, nous nous « rendîmes chez Dubosq, rue Croix-des-« Petits-Champs, où le partage fut fait. « *Bernard s'y trouva.* » (*Interrogatoire du 29 ventose an V.*)

« Lors de l'assassinat du courrier de la « malle nous étions cinq ; *celui qui a prêté « les chevaux faisait le sixième : il se nommait Bernard.* Il a été exécuté pour cette « affaire avec un nommé Etienne (Courriol)

« et Lesurques. *Ce dernier est innocent ;* je « ne l'ai jamais connu. Les véritables cou- « pables sont moi déclarant, Etienne, Du- « bosq, etc., et *Bernard, qui a prêté les che- « vaux.* Lesurques a été arrêté, jugé et « condamné au lieu de Dubosq. » (*Interrogatoire du 9 germinal an V.*)

« Le 8 floréal fut le jour pris pour l'exécu- « tion. Quatre hommes partirent de Paris, « savoir : Vidal, Dubosq, Roussy, Courriol. « Ils étaient montés sur des chevaux qui leur « furent fournis par un nommé Bernard. Il « était intéressé dans l'affaire, *mais il ne prit « pas de part à l'action.* » (*Interrogatoire du 12 germinal.*)

Près de mourir, Durochat demanda à parler à M. Pile, commissaire de police de Versailles, et il lui dit « qu'ils n'étaient que cinq pour cet « assassinat, lui, Vidal, Dubosq, Courriol « et Roussy ; que Lesurques et Bernard étaient « morts innocens ; *que Bernard n'avait fait « que prêter les chevaux, et n'avait participé à « rien.* » (*Déclaration du 22 thermidor an V.*)

Ces dernières paroles sont les seules dont M. Zangiacomi puisse tirer avantage pour accuser Durochat de variation et de mensonge. Mais n'est-il pas évident que ce qu'il dit ici se rapporte à ce qu'il a dit précédemment : *Bernard ne prit pas de part à l'action?* Il ne parle en effet ici que des cinq individus qui ont assassiné : or quelque soit la part que Bernard ait pu prendre aux résultats de ce crime, il est constant qu'il n'était point sur le lieu où il fut commis. C'est un fait démontré par les pièces du procès ; jamais *alibi* ne fut prouvé d'une manière plus évidente. Je dois d'ailleurs observer que cette dernière déclaration de Durochat n'est rapportée par M. Pile qu'en récit ; qu'elle ne contient pas les propres paroles de Durochat. Il faudrait avoir bien besoin d'une accusation de mensonge pour la trouver ici.

Je passe maintenant à ce qui regarde Dubosq. M. Zangiacomi, pour atténuer le témoignage de Durochat, dit : « Il affirme qu'il ne « reconnaît pas Dubosq ; il l'affirme, parce « qu'il a été payé pour l'affirmer, et il en fait « l'aveu honteux. »

Il me semble que lorsque l'on cherche la vérité dans toute la sincérité de son cœur, on s'exprime d'une manière franche et naturelle. Ce mérite n'est pas celui de M. Zangiacomi. Qui ne croirait, à l'entendre, que Durochat avait reçu de Dubosq une somme considérable pour ne pas déposer contre lui? La vérité est que Durochat manquant de tout dans la prison, Dubosq lui donna quelques secours, et que pour répondre à ce bienfait, Durochat déclara d'abord qu'il ne le reconnaissait point pour le Dubosq qu'il avait désigné. Ne conçoit-on pas facilement qu'un misérable qui se trouve en prison, dénué de tout, reçoive quelqu'argent d'un de ses complices, et que pour acquitter la dette de la reconnaissance, il se refuse à déposer contre lui. Mais lorsque ce même homme monte à l'échafaud, qu'il n'existe plus d'espérance pour lui, si dans ce moment où sa conscience se réveille, où les jugemens de Dieu troublent son ame, il vient, sans y être provoqué, faire l'aveu qu'il a trompé la justice, pour ne pas trahir son bienfaiteur, s'il proclame d'une part la culpabilité de son complice, et de l'autre l'innocence d'un homme dont il ne peut rien attendre, puisqu'il n'existe plus, d'un homme que ses mœurs, sa conduite, sa fortune défendent de l'imputation d'un crime, ce double aveu, ces *ultima morientis verba* seront-ils sans aucun poids auprès des juges? Non; ceux qui connaissent le cœur humain trouveront plus de preuves peut-être dans un pareil témoignage, que dans les combinaisons froides et méthodiques du raisonnement le plus exact.

Nous avons un aveu précieux de M. Zangiacomi ; *c'est que si l'on tient pour vraies les déclarations faites en faveur de Lesurques, si on y ajoute complètement foi, il faut tenir que Lesurques est innocent, et que sa condamnation implique avec celle de Dubosq* (1).

Or je demande s'il est une seule personne qui, de bonne foi, puisse méconnaître l'autorité des témoignages que nous avons rapportés ? Les déclarations de Madeleine Bréban, de Courriol, de Durochat, de Roussy, sont fortifiées encore par celle de M. le capitaine Le Roy, que nous avons citée plus haut. Si de pareilles preuves ne paraissent pas suffisantes, il faut alors renoncer à tous les fondemens de la certitude humaine, et se précipiter dans un doute absolu.

Cependant M. Zangiacomi, dans le besoin qu'il éprouve de répandre des nuages sur l'innocence de Lesurques, pour justifier les hommes qui l'ont cruellement immolé, M. Zangiacomi se jette dans des moyens désespérés. Qui le croirait ? il ose mettre en doute la véracité du respectable pasteur qui a déposé le testament de Roussy. Il l'appelle *un papier mystérieux, une note informe, un billet tracé clandestinement, hors de la présence de tout*

(1) Page 35.

témoin, et que son auteur n'ose avouer pendant sa vie (1).

Et tout fier de ces injustes et odieuses inculpations, il ajoute du ton de la victoire: « Ces faits ne rendent-ils pas au moins sus- « pects les témoignages des condamnés en « faveur de Lesurques? D'après quelle règle « de droit ou de logique pourrait-on soutenir « que des actes faux sur des points impor- « tans, sont l'expression fidèle de la vérité « sur un autre? Celui qui impose à la justice « et la trompe sur un fait peut-il être cru sans « hésitation et sans réserve sur un autre fait? « Est-ce sur la foi des actes produits, de ces « actes qui, jugés d'après les règles du droit, « ne prouvent rien, qui, jugés même avec « un sentiment de bienveillance pour Lesur- « ques, font naître tant de soupçons et laissent « dans les esprits tant d'incertitudes et de « doutes, que l'on peut faire réviser une « déclaration du jury, annuler un arrêt sou- « verainement rendu? »

J'ai besoin ici de solliciter de nouveau toute l'indulgence et la longanimité du lecteur. Comment éviter le dégoût et l'ennui, quand on revient sans cesse sur les mêmes faits, quand on reproduit sans cesse les mêmes argumens, et qu'on fatigue la patience la plus résignée

(1) Page 37.

par d'éternelles redites? M. Zangiacomi demande par quelles règles de droit ou de logique des actes faux sur un point important sont l'expression fidèle de la vérité? S'il n'est question que d'invoquer les règles de la logique, la tâche sera bientôt remplie. Eh quoi! M. Zangiacomi serait arrivé aux confins de la vieillesse sans savoir que de la même bouche sortent souvent le mensonge et la vérité! Quoi! dans ses fonctions de magistrat, il n'aurait pas appris à distinguer les signes par lesquels on reconnaît l'un et l'autre! il aurait adopté cette maxime, qu'un homme qui ment sur un fait ne doit pas être cru sur un autre!

Je vais donc lui rappeler quelques règles de logique. Le témoignage des hommes ne tire pas toute sa force de la qualité de celui qui dépose; car un homme de bien peut se tromper comme un autre. Mais lorsque le témoignage d'un homme est constant, uniforme, qu'il est confirmé par le témoignage d'autres hommes, qu'il n'a aucun intérêt à tromper, qu'il renouvelle ses dépositions à l'heure où cessent toutes les considérations humaines, où la mort ne présente plus que les jugemens de Dieu, où la conscience se réveille avec toute sa vigueur, alors le témoignage de cet homme acquiert l'autorité la plus irrésistible, surtout si celui qui a menti sur un point fait l'aveu de sa faute, et se rétracte solennellement.

Tel est le cas dont il s'agit ici.

J'ai reproché à M. Zangiacomi de revenir sans cesse sur les mêmes argumens : son adresse est plus grande encore ; il trouve, dans d'artificieuses réticences, un moyen de faire une certaine impression sur les personnes dont la vue courte ou la mémoire infidèle ne sauraient embrasser un sujet dans toute son étendue.

C'est ainsi que M. Zangiacomi, revenant jusqu'à satiété sur les témoins à charge et à décharge, a bien soin d'accroître le nombre des derniers et de dissimuler celui des seconds.

« Lesurques, dit-il, a en sa faveur la dé-
« claration d'hommes qui confessent avoir
« tué le courrier de Lyon, et disent qu'il
« n'était pas leur complice ; mais d'autres
« témoins s'élèvent contre lui, disent et per-
« sistent à dire qu'il était *parmi les assassins*,
« qu'ils l'ont vu et qu'ils le reconnaissent.
« Veut-on compter les voix ? il y en a trois
« pour Lesurques et huit contre lui. Veut-on
« les peser ? Lesurques a pour lui le dire
« d'hommes pervers, couverts de crimes
« qu'ils ont expié sur l'échafaud ; il a contre
« lui le témoignage de gens de bien, sans

« intérêt personnel et d'une réputation en-
« tière, car on n'a jamais ni attaqué, ni
« suspecté leur moralité. »

Il faut connaître le procès de Lesurques à fond, il faut l'avoir étudié comme je l'ai fait pour découvrir ici et juger toute l'astuce contenue dans ce paragraphe.

Les témoins n'ont jamais dit que *Lesurques fût parmi les assassins*, et ils n'ont pu le dire, car leurs dépositions, comme je l'ai déjà observé, se réduisent à ce peu de mots : « qu'ils « ont vu le 8 floréal quatre hommes à cheval, « voyageant sur la route de Melun. » Ces déclarations pouvaient faire suspecter ces voyageurs, mais il fallait d'autres preuves pour les convaincre ; car si ces voyageurs eussent été quatre hommes paisibles, qu'on n'eût trouvé aucune charge contre eux, on n'aurait assurément pu les poursuivre comme assassins du courrier de Lyon. Il fallait donc chercher quels étaient ces quatre hommes, de quelle réputation ils jouissaient, ce qu'ils avaient fait le 8 floréal, en quel lieu ils s'étaient procuré des chevaux, à qui appartenaient les effets trouvés sur le champ du meurtre, chez qui les effets volés avaient été portés ou recelés, par qui s'en était fait le partage. Courriol, découvert le premier, était évidemment un des auteurs du crime. Ses relations avec Richard rendaient ce dernier suspect. Guesno le devenait par un concours de circonstances qui l'avaient mis en relations avec Courriol, Bernard, pour avoir prêté les chevaux, Durochat, pour s'être placé dans la voiture à côté du courrier : mais là s'arrêtaient toutes les découvertes de la police, toutes les justes présomptions de l'autorité. Rien n'atteignait Lesurques, et s'il n'eût pas eu le malheur d'accompagner son ami au bureau central, jamais la justice n'eût eu le moindre soupçon à son égard. On voit jusqu'à quel point le nom d'*assassin* que lui donne M. Zangiacomi lui est applicable ; mais ce mot produit son effet, et c'est tout ce qu'il desire.

C'est aussi dans les mêmes vues que M. Zangiacomi, faisant le compte des témoins, n'en trouve que trois pour Lesurques, et en trouve huit contre lui. C'est dans les mêmes vues, que comparant ces témoins, il ne trouve pour Lesurques que des scélérats, et contre lui, que des gens de bien, sans intérêt personnel, d'une réputation intacte.

Mais M. Zangiacomi a-t-il songé à l'affront dont il couvre (sans le vouloir sans doute) les personnes d'une réputation honorable, d'une probité recommandable, sans tache, qui ont déposé en faveur de l'infortuné Lesurques? Est-ce un scélérat que M. Baudard, peintre, dont les talens sont aussi connus que ses heureuses qualités? Est-ce un scélérat que M. Ledru, l'un des plus habiles dessinateurs de la capitale? Tous ceux dont j'ai rapporté les dépositions sont-ils des scélérats? leurs témoignages sont-ils moins dignes de confiance que ceux des deux servantes de cabaret, du garçon d'écurie, et de deux paysans dont M. Zangiacomi révère tant la probité, le désintéressement, et peut-être les lumières?

Ces gens de bien, d'une réputation si entière, d'un désintéressement si pur, n'ont-ils pas désigné pour *assassins* (puisque ce mot sourit à M. Zangiacomi) et Guesno, et Bernard, et Bruer? Après avoir reconnu Guesno, n'ont-ils pas reconnu aussi Vidal? Si Guesno et Bruer eussent été assez malheureux pour ne pas démontrer leur présence à Paris, ce qui pouvait facilement arriver, on leur eût coupé la tête sur la parole de ces honnêtes gens, si bien famés et si désintéressés; et quand Vidal et Roussy seraient tombés dans les mains de la justice, ces honnêtes témoins, effrayés, stupéfaits, consternés de leur horrible méprise, craignant d'être poursuivis, sinon par les lois, au moins par la haine et l'horreur publique, auraient soutenu obstinément qu'ils avaient vu Guesno et Bruer, et MM. Giraudet et Zangiacomi les trouveraient bien jugés, parce que *les fondemens de la justice seraient bouleversés*, si l'on reconnaissait l'injustice commise à leur égard.

Quant aux scélérats dont M. Zangiacomi repousse avec tant de zèle le témoignage, sont-ils réellement indignes de toute croyance? toutes les pièces du procès ne démontrent-elles pas au contraire leur véracité?

Courriol déclare que ses complices et lui sont partis au nombre de quatre.

Les témoins déposent uniformément qu'ils ont vu quatre cavaliers à Montgeron et à Lieursaint.

Courriol déclare qu'ils ont pris des chevaux chez Bernard.

Cheron, domestique de Bernard, dépose qu'il a conduit les chevaux et qu'il a vu monter successivement les quatre cavaliers.

Courriol déclare que le misérable qui accompagnait le courrier se nommait Durochat;

Et Durochat, arrêté, confesse qu'il accompagnait en effet le courrier dans la voiture.

Courriol assure que les trois individus qui partirent de Paris avec lui étaient Vidal, Dubosq et Roussy.

La suite du procès confirme sa déclaration.

Il annonce que le partage des effets volés s'est fait chez Dubosq.

Les recherches de la justice prouvent qu'en effet le partage s'est fait chez Dubosq.

Courriol proteste que Bernard n'a pas pris part à l'assassinat;

Et l'*alibi* de Bernard est en effet démontré par les actes les plus authentiques.

Il soutient, avant de mourir, que Lesurques est innocent;

Et Durochat, avant de mourir, et Roussy, avant de mourir, attestent également son innocence.

Durochat, arrêté dix mois après la condamnation de Courriol, révèle toutes les circonstances du procès, et son récit se trouve entièrement conforme à celui de Courriol. Roussy, amené en France et jugé après huit ans d'absence, reconnaît qu'il est bien jugé, et tous les actes de son procès démontrent de nouveau que Courriol et Durochat ont dit la vérité.

Par quel motif M. Zangiacomi se détermine-t-il donc à nier des faits aussi évidens? quel excès de zèle l'engage à repousser le témoignage d'un malheureux condamné à mort? Il n'admet donc pas le repentir? Ah! Monsieur Zangiacomi, tant de personnes en ont un si grand besoin ! Les scélérats dont vous parlez sont assurément dignes d'exécration ; mais si quelque chose peut adoucir l'horreur qu'ils inspirent, c'est assurément l'aveu de leur crime. Ils sont prêts à mourir : ils meurent séparés les uns des autres, et par le lieu, et par le temps, ils n'ont aucun intérêt à déclarer l'innocence de Lesurques ; et ils la proclament avant, ils la proclament après sa mort ; ils éclairent la justice par leurs révélations : ils marchent au supplice contrits, humiliés, invoquant la miséricorde de Dieu, ils implorent les secours de la religion, et vous repoussez leurs aveux, leur douleur, et tout ce qui peut servir à consoler la société, à donner aux méchans un salutaire exemple !

Vous n'admettez de considérations, vous ne reconnaissez de témoins que ceux qui peuvent seconder vos vues, et contribuer à flétrir la mémoire de l'infortuné dont nous plaidons la cause. Ah ! M. Zangiacomi, jouissez de cette triste satisfaction, nous ne vous l'envions pas.

Nous avons dit, et nous avons prouvé dans le mémoire justificatif, que les témoins de Lieursaint et de Montgeron s'étaient trompés (page 77) ; M. Zangiacomi attaque de nouveau cette partie de nos preuves, et demande où elles sont ?

« Elles n'existent, dit-il, dans aucun acte « de l'instruction, si ce n'est dans les décla- « rations des condamnés, de la Bréban et de « deux autres. Ce sont eux, eux seuls qui « parlent de la ressemblance entre Lesurques « et Dubosq, et de la méprise causée par cette « ressemblance. Si frappé *des vices inhérens* à « ces déclarations, on les écartait du procès, « il ne resterait aucune preuve, absolument « aucune preuve des faits que l'on allègue; « et en laissant au procès ces déclarations « pour ce qu'elles peuvent valoir, on y trouve « non une déposition légale, non un moyen « de droit, mais un renseignement quel- « conque en faveur de Lesurques. Mais dans « aucun système, on ne peut y voir une « preuve certaine de l'erreur des témoins et « du jury; on ne peut y puiser un moyen « de révision. »

Rien n'est plus clair, plus affirmatif, moins équivoque que ce passage du rapport de M. Zangiacomi. Il faut avoir des preuves bien fortes de ce que l'on dit pour parler avec cette assurance. Voyons néanmoins jusqu'à quel point on doit y croire.

M. Zangiacomi soutient positivement que les trois condamnés, la Bréban et deux autres, sont les seuls qui parlent de la ressemblance entre Lesurques et Dubosq. Quand même ces témoins seraient les seuls, on aurait déjà six déclarations concordantes, et ce serait beaucoup. Mais M. Zangiacomi a probablement oublié les circonstances des débats ; il ne s'est pas souvenu, ou n'a pas voulu se souvenir que tous les témoins présentés à Dubosq, un an après le procès de Lesurques, ont avancé qu'il y avait dans l'*ensemble* de la personne de Dubosq une ressemblance avec Lesurques ; il ne s'est pas souvenu, ou n'a pas voulu se souvenir qu'à la vue de Dubosq coiffé d'une perruque blonde, la femme Alfroy, frappée d'étonnement, déclara à Dieu et aux hommes qu'elle s'était trompée, et qu'elle reconnaissait bien Dubosq pour celui qu'elle avait vu sur la route de Melun. Mais voici un argument plus fort. Cheron, domestique de Bernard, déclara qu'il avait vu les quatre individus monter à cheval à la porte du café de la Corderie, et que ces quatre individus étaient Courriol, Dubosq, Vidal et Roussy (1). Les deux servantes, le garçon d'écurie, et les autres témoins qui prétendaient avoir vu Lesurques ne l'avaient donc pas vu ! et l'homme blond dont ils parlaient était donc Dubosq,

(1) *Déclaration du 18 nivose an XII.*

puisqu'il portait une perruque blonde? M. Zangiacomi parle de vices inhérens aux déclarations de Courriol, de Durochat, de Roussy, de Madeleine Bréban, etc.; mais quels sont-ils ces vices inhérens? Madeleine Bréban connaissait Dubosq; elle avait vu Lesurques chez Richard et dans le cours de l'instruction: personne n'était plus en état qu'elle de prononcer sur leur ressemblance. Il n'y avait donc point de vice inhérent dans sa déposition? il n'y en avait point dans celle de Cheron, point dans celle de Gauné, point dans celle de Perrin. Ils reconnaissaient tous Dubosq. Son signalement et celui de Lesurques établissaient la plus frappante ressemblance. Il fallait donc que le coupable fût ou Lesurques ou Dubosq? or Dubosq était accablé de tant de preuves, qu'elles ne souffraient pas de doutes.

M. Zangiacomi soutiendra-t-il encore qu'il ne résulte de toutes ces circonstances que de simples présomptions, des renseignemens quelconques? et résistera-t-il de nouveau à ce raisonnement péremptoire : il est constant que les témoins de Lieursaint et de Montgeron ne virent que quatre cavaliers; il est certain que ces quatre cavaliers étaient Courriol, Dubosq, Vidal et Roussy : donc Lesurques n'était pas complice de leur crime.

M. Zangiacomi en a tellement senti la force, qu'il se rejette sur-le-champ dans cette supposition si chérie de M. Giraudet et de lui, que le nombre des assassins pouvait être de sept.

« C'est une chose fort remarquable, dit-il, « que les condamnés varient sur un fait aussi « important que le nombre de leurs com- « plices; que les uns l'augmentent, que les « autres le diminuent. On peut juger par là « de la foi qui est due à leurs dires. Ce qui « est certain, c'est qu'indépendamment de « Lesurques, il y a eu six hommes condamnés « à mort, et l'on convient aujourd'hui qu'en « ce qui les concerne, la condamnation est « juste. »

Il y a dans ce paragraphe autant d'erreurs que de phrases. Il n'est point vrai que les condamnés aient jamais varié sur le nombre de leurs complices. Ils ont constamment dit que l'assassinat et le vol avaient été commis par cinq individus; ils ont constamment désigné pour leurs complices Durochat, Courriol, Vidal, Dubosq et Roussy; ils ont constamment affirmé qu'ils ne connaissaient pas Lesurques. On porte à M. Zangiacomi le défi de citer un seul acte où ils aient désigné six assassins au lieu de cinq. On a lieu de s'étonner que M. Zangiacomi se trompe si facilement, quand l'erreur est presque impossible.

« Il y a eu, dit-il, indépendamment de « Lesurques, six hommes condamnés à « mort, et l'on convient que leur condam- « nation est juste. »

Non, Monsieur, l'on n'en convient pas. Il est de fait que les jurés se trompèrent en déclarant que Bernard était convaincu d'avoir commis un homicide sur la personne du courrier et du postillon de la malle de Lyon; qu'il était également convaincu d'avoir enlevé au courrier de l'argent monnoyé, des promesses de mandat, etc. : car il était démontré par les témoignages les plus authentiques, que Bernard n'était point du nombre des quatre cavaliers, et qu'il avait passé la journée du 8 floréal à Paris. Aussi ce malheureux alla-t-il à la mort en protestant de son innocence.

Mais toutes ces preuves, tous ces raisonnemens n'intimident point M. Zangiacomi; et près de finir son rapport, il revient avec une nouvelle obstination, avec une nouvelle confiance sur ses premiers sophismes.

« Les auteurs du crime n'étaient-ils que « six, dit-il? n'y en avait-il pas un septième « dans la personne de Lesurques? Trois « condamnés répondent: non, et huit témoins

« répondent : oui ; car leur déposition contre
« Lesurques est positive. »

En vérité, on s'étonne ; que dis-je ? on s'effraie de voir la vérité aussi indignement travestie ! Quoi, les témoins disent qu'il y a un septième coupable dans la personne de Lesurques ! les témoins, après l'avoir placé dans le nombre des quatre, le placent maintenant dans un nombre de sept ! Dans quelles pièces, dans quel acte, dans quelle partie de l'instruction M. Zangiacomi a-t-il fait cette découverte ? Qu'il cite son autorité ! il le doit à son honneur, il le doit aux fonctions élevées qu'il remplit, il le doit au corps respectable dont il est membre, autrement ce qu'il dit ici devient une insigne fausseté qui déshonore celui qui se la permet.

Ce qu'il y a de vrai, ce qu'il y a de constant, c'est que cinq témoins (et non huit) ont assuré avoir vu Lesurques sur la route de Melun, le 8 floréal ; que quinze témoins ont assuré l'avoir vu à Paris le même jour ; que trois des auteurs du crime ont déclaré qu'il n'était pas avec eux ; qu'ils ont désigné à sa place Dubosq ; que Cheron, Madeleine Bréban, Gauné, Perrin, ont confirmé le témoignage de ces trois coupables, et que le tribunal de Versailles en a été tellement frappé, qu'il a condamné Dubosq à la peine de mort. Tout ce qui regarde les sept assassins a été tellement discuté dans le mémoire justificatif et dans le présent écrit, qu'il serait superflu de revenir sur cette question. Les preuves qu'on a produites sont si claires, si évidentes, qu'on ne saurait trop s'étonner de l'aveugle obstination de M. Zangiacomi. Qui le croirait? il revient encore pour la dixième fois sur les déclarations de Champeaux et de sa femme, et quand on lui démontre que les assassins étaient au nombre de cinq, il ne craint pas de répondre que ce fait est démenti par des pièces authentiques, et *n'est certainement établi sur aucun fait plus positif.*

Nous ignorons sur quelle sorte de base M. Zangiacomi a coutume d'établir ses jugemens : nous savons seulement que dans un autre procès bien autrement important, bien autrement solennel, bien autrement mémorable, il ne s'est pas montré si difficile sur les preuves. Il regarde ici comme une chose démontrée que les assassins étaient au nombre de sept, parce qu'à la suite des quatre cavaliers, on a vu deux personnes sur la route de Melun. Mais que M. Zangiacomi prenne donc la peine de nous désigner ces deux personnes; qu'il nous indique la part qu'elles ont prise à l'assassinat; qu'il nous cite un seul acte du procès qui les concerne; qu'il nous déclare en quel lieu, en quel temps elles se sont trouvées avec les quatre autres. Nous lui laissons le choix dans tous les individus qui ont été compromis dans ce procès.

Ce n'était pas Lesurques, car s'il était du nombre des deux, les témoins qui l'ont désigné comme étant un des quatre se seraient tous trompés; ce n'était pas Courriol, car il est prouvé et il a déclaré lui-même qu'il était du nombre des quatre; ce n'était pas Durochat, puisqu'il était dans la voiture; ce n'était pas Vidal, puisqu'il était du nombre des quatre; ce n'était pas Roussy, par la même raison; enfin, ce n'était pas Dubosq, car Cheron l'a vu monter à cheval avec ses trois complices. Madeleine Bréban déclare qu'il était un des quatre; car c'est chez lui que le partage s'est fait entre cinq. Et M. Zangiacomi ne soutiendra sûrement pas que Lesurques s'y soit trouvé. S'il y a eu sept assassins, en supposant que Bernard fût un des deux voyageurs (ce qui est démontré faux), il en reste encore un à punir, puisque Lesurques, Dubosq et les trois autres ont été condamnés comme étant du nombre des quatre. On supplie M. Zangiacomi de vouloir bien répondre à cet argument.

Tout cela a été dit, répété jusqu'à satiété, et nous avons la ferme confiance qu'il n'est pas une seule personne de bonne foi à laquelle il puisse rester des doutes : oui, il est constant que le meurtre du courrier de Lyon n'a été commis que par cinq individus; il est constant que la justice, égarée par les témoignages de quelques individus incapables de se rendre compte de leurs propres idées, a fait tomber sept têtes au lieu de cinq.

Il est constant que Bernard, condamné comme ayant participé à l'assassinat, n'y a pas participé. Il est constant que parmi les individus signalés sur la route de Melun, il ne se trouvait qu'un seul blond. Il est constant qu'en admettant toutes les suppositions du procès, cet individu ne pouvait être que Dubosq ou Lesurques. Il est constant que Lesurques a prouvé son *alibi*. Il est constant que Dubosq a été désigné par ses complices comme un des auteurs du crime. Il est constant que sa ressemblance avec Lesurques était frappante, car les deux passeports qui les concernent conviennent à l'un comme à l'autre. Il est constant que Cheron a vu monter Dubosq à cheval. Il est constant que les produits du vol ont été partagés chez lui; que Madeleine Bréban l'a vu assister au partage, et qu'elle le connaissait très-bien. Il est constant que lorsque le malheureux Lesurques gémissait dans les prisons, Dubosq allait visiter ses complices chez Vidal; que Perrin, Gauné et Vidal lui-même l'ont reconnu. Il est constant que Lesurques n'a point assisté au partage (1). Il est constant qu'avant sa malheureuse aventure il jouissait de la meilleure réputation. Il est constant que Dubosq était un des plus audacieux scélérats de Paris et des provinces. Il est constant que frappé quatre fois par la justice, il s'était échappé des prisons de Bicêtre et du bagne. Il est constant enfin qu'il faut choisir entre Lesurques et lui : or dans cette alternative, qui

(1) C'est un fait démontré, que le 9 floréal il a été vu à toutes les heures du jour, et surtout le matin, par ses amis, qu'il a dîné avec eux; c'est un fait démontré que les assassins se sont partagé leur butin le 9 floréal au matin, chez Dubosq; c'est encore un fait démontré, que Lesurques n'était pas au partage. Ainsi, en supposant même que l'orfèvre Legrand se fût trompé sur la date du mois, il en résulterait encore que le 9 floréal, l'infortuné Lesurques, jouissant de toute la sérénité d'un cœur pur, passait avec ses amis des heures que ses prétendus complices employaient à recueillir les fruits de leur crime.

que ce soit ne saurait hésiter, si ce n'est peut-être M. Zangiacomi. Avec quelle obstination il ferme les yeux à la lumière ! avec quelle adresse il cherche à en détourner les rayons ! Jamais sophiste d'Athènes ou d'Alexandrie ne posséda mieux l'art de poser un faux principe pour en tirer d'insidieuses conséquences. C'est surtout à la fin de son rapport qu'il brille dans ce genre d'industrie ; c'est là qu'il a rassemblé tous ses moyens, toutes ses subtilités ; c'est là que par une récapitulation courte, artificieuse et pressante, il s'efforce de porter un dernier coup à sa victime.

Si de nombreux témoins se sont empressés d'attester l'innocence de Lesurques, il les écarte soigneusement pour ne montrer que des condamnés. Si les condamnés ont fait leurs déclarations en des temps différens, sans communication entre eux, au moment de la mort, à cette heure où le repentir entre souvent dans le cœur du coupable ; si leurs dépositions se trouvent confirmées par d'autres témoignages indépendans de toute combinaison, et dignes de toute confiance, M. Zangiacomi passe tous ces faits sous silence, et se renfermant dans quelques considérations étroites qu'il croit propres à produire l'effet qu'il desire, il n'hésite pas à déclarer que tout le procès de Lesurques se réduit à ceci : *Lesurques est innocent, car les* CONDAMNÉS *le déclarent. Sa condamnation implique avec celle de Dubosq, car les* CONDAMNÉS *le disent ainsi. Les témoins se sont trompés, car leurs témoignages sont en opposition avec ceux des* CONDAMNÉS.

Nous demandons à tout lecteur désintéressé, à tout lecteur de bonne foi, si c'est là le résumé exact et sincère du procès de Lesurques ?

M. Zangiacomi n'en conclut pas moins que c'est sur cet exposé que la demande en révision doit être jugée, et revenant de nouveau sur ce qu'il a déjà dit trois fois, il soutient que dans tous les cas cette demande ne saurait être admise, parce que la révision a été ordonnée et exécutée avec zèle et ponctualité, conformément aux lois. Il faut citer ce passage :

« A l'époque où Dubosq fut mis en jugement, des ordres furent donnés par le « Ministre de la justice, pour qu'on réexa-« minât le procès de Lesurques, conformé-« ment à la loi alors existante sur la révision « des procès criminels. Ces ordres furent « exécutés avec ponctualité et zèle, et M. Gi-« raudet, qui a dirigé cette instruction avec

« tant de sollicitude, atteste que toutes les
« précautions prises n'ont amené que des
« résultats évidemment contraires à Lesur-
« ques. »

En vérité, il faut bien compter sur les distractions de ses lecteurs, pour affirmer avec tant de confiance, ce qui peut être démenti avec tant de facilité. Que M. Zangiacomi, s'il veut être franc et vrai, lise donc de nouveau les actes du procès; il y verra que loin d'avoir révisé le procès de l'infortuné Lesurques, le tribunal criminel de Versailles déclara qu'il ne lui appartenait pas de prononcer sur cette grande question de l'innocence de Lesurques; qu'il la supposait, et qu'il regrettait de n'avoir pas le pouvoir de la proclamer. Mais qu'importe une contradiction à M. Zangiacomi : quelque parti que l'on prenne, il a toujours un argument à vous opposer. Demandez-vous la révision? il vous répond : nos lois criminelles ne la permettent pas. Soutenez-vous qu'elles le permettent? il vous dit: eh bien! cette révision a eu lieu à Versailles, conformément aux ordres du Ministre de la justice. Se défie-t-il de son propre témoignage? il appelle à son aide M. Giraudet. Ainsi, suivant les circonstances, il admet ce qu'il a repoussé, et repousse ce qu'il a admis, toujours satisfait, pourvu qu'il puisse écarter les touchantes et justes espérances d'une famille désolée.

Mais voici une autorité que M. Zangiacomi n'attend pas, et qui peut contre-balancer celle de M. Giraudet : c'est un rapport officiel, un rapport revêtu de toutes les qualités dont se prévaut M. Zangiacomi ; c'est l'ouvrage d'un magistrat, d'un magistrat plein de talent, jouissant d'une grande considération, et par son âge étranger à toutes les impressions des temps passés, à toutes les relations d'intérêt ou d'amitié qui dans des mains plus anciennes ont pu faire pencher les bassins de la balance ; c'est l'ouvrage enfin de M. le Procureur du Roi de la cour de Versailles. Son travail a précédé le mien. Nous n'avons eu aucune communication ensemble, et si le rapport de M. Zangiacomi ne m'eût forcé de recourir de nouveau aux pièces du procès auquel il a été réuni, je n'en aurais eu aucune connaissance.

Le résultat de ce travail est le même que celui du mémoire justificatif. Sa marche, ses moyens sont les mêmes ; les conséquences sont les mêmes. D'où provient cette ressemblance ? De ce que M. Doué-d'Arc s'est comme moi contenté de consulter les pièces, qu'il s'est tenu étranger à toute influence particulière, et qu'il a cherché sincèrement la vérité.

Voici de quelle manière ce magistrat parle de la prétendue révision qui, suivant M. Zangiacomi, a eu lieu à Versailles avec tant d'exactitude. Après un exposé précis et scrupuleux de tous les faits et des pièces justificatives du procès, il ajoute :

« Tel est, Monsieur le Procureur général, « l'analyse rapide et chronologique des pièces « et actes des diverses procédures. Après les « avoir fidèlement passées en revue, j'ai ob- « tenu la douloureuse conviction que *Lesur- « ques a péri victime d'une fatale erreur.* « Je crois même que vous partagerez cette « opinion. »

Venant ensuite à la question de la révision, M. Doué-d'Arc ajouta :

« Il résultait trop naturellement, de l'ins- « truction, la question de l'*alibi* que Lesur- « ques avait vainement établi devant ses juges « à Paris, pour qu'on pût se dispenser de s'en « occuper dans ces nouveaux débats au tri- « bunal de Versailles; mais dans l'intérêt de « Dubosq on chercha à l'écarter.

« La cour ayant ordonné l'apport du livre « de Legrand, on déclara n'avoir pu le re- « trouver. Par une semblable fatalité, Bau-

« dard, peintre, qui déposait avoir dîné chez
« Lesurques le 9 floréal an IV, ne put re-
« trouver (au greffe) le billet de garde qu'il
« avait produit à cette époque, et qui ne per-
« mettait pas à sa mémoire une erreur de
« date (1).

« En résumé, quatre présomptions s'éle-
« vaient, dans l'origine, contre Lesurques:

« 1°. La reconnaissance de six témoins, dont
« quelques-uns parlent d'une manière dubita-
« tive, et deux autres avec plus d'assurance.

« Mais lorsqu'ils voient Dubosq coiffé d'une
« perruque semblable à celle qu'il portait le
« 8 floréal an IV, un de ces témoins déclare
« s'être trompé dans sa déposition, à Paris,
« et que c'est bien Dubosq, et non Lesurques,
« qu'elle voulait et entendait désigner. Sur
« quatorze témoins entendus à deux reprises,

---

(1) Il faut se rappeler aussi que la déclaration de Madeleine Bréban, faite au bureau central, disparut, et qu'on refusa au défenseur de Lesurques communication de la déclaration de Courriol. J'ai vainement essayé de me procurer les mêmes pièces aux archives de la préfecture de police : tout a été brûlé ou mis au pilon. Pourquoi n'a-t-on pas fait disparaître aussi le passeport de Lesurques, daté du 18 fructidor an III; son signalement et celui de Dubosq, qui sont parfaitement identiques, et la carte de sûreté en blanc dont j'ai parlé ?

« un seul persiste donc avec opiniâtreté ; un « autre se rétracte formellement ; quatre « autres font part de leurs doutes. La pré- « somption se réduit ainsi à un bien léger « adminicule, et si l'essai de la perruque eût « pu se faire au tribunal de Paris, nul doute « que Lesurques n'eût pas été condamné.

« 2°. L'éperon argenté est raccommodé « avec du fil.

« Cette charge est à la suite de la précé- « dente et disparaît avec elle ; c'est à Dubosq, « Sosie de Lesurques, qu'appartenait, ainsi « que le sabre, ce fatal éperon.

« 3°. L'*alibi* allégué par Lesurques, et non « suffisamment établi, suivant les premiers « débats.

« Si ce moyen de défense semble avoir été « ébranlé dans l'esprit des jurés par l'embarras « où s'est trouvé l'orfèvre Legrand, à cause « de la surcharge de son livre, c'est un mal- « heur sans doute, mais qui n'est du fait ni de « l'accusé, ni des témoins, ainsi que celà « s'explique par la procédure.

« 4°. Les deux cartes de sûreté, l'une en « blanc, l'autre appartenant à son cousin, « trouvée dans la poche de Joseph Lesurques.

« Cette circonstance n'est pas une charge « sérieuse ; car ne voulût-on pas admettre ces

« justifications à cet égard, quoique vraisem-
« blables, il est certain qu'il n'a point cherché
« à faire usage de ces papiers, ce qui pour-
« tant lui eût été bien facile, *s'il eût eu*
« *quelque chose à craindre.* »

Cette observation, qui appartient à M. le Procureur du Roi de la cour de Versailles, est digne de considération. Que font en effet les vrais coupables, après s'être partagé les fruits de leur crime? Courriol quitte la rue du Petit-Reposoir et va se réfugier chez Richard. Vidal abandonne celle de Rohan pour se cacher rue des Fontaines. Roussy quitte Paris et ne se croit en sûreté que quand il est sorti de France. Durochat se soustrait aux recherches de la justice, et la police poursuit inutilement Dubosq, qui échappe à toutes ses recherches. Que fait Lesurques? Il vit au milieu de sa famille, dans un appartement agréable qu'il vient de faire décorer. Toutes ses actions sont celles de l'homme paisible et honnête. Il dîne le 9 avec ses amis; il place son buste dans son salon; il ne s'éloigne pas un instant des regards publics. Tant de sécurité n'appartient qu'à l'homme innocent.

« A côté de ces présomptions de culpabi-
« lité, ainsi détruites ou singulièrement dimi-
« nuées, ajoute M. le Procureur du Roi,

« rapportons succinctement les principales « présomptions de son innocence :

« 1°. Courriol, condamné à mort, proteste « constamment de l'innocence de Joseph Le- « surques, en indiquant d'ailleurs les vrais « coupables.

« 2°. La fille Bréban et trois témoins font « spontanément de semblables déclarations, « ainsi que le condamné Richard.

« 3°. Durochat (arrêté huit mois après la « mort de Courriol) fait à plusieurs reprises « la déclaration que Joseph Lesurques est « mort innocent.

« 4°. Beroldy, dit Roussy, répète cette « même protestation et la consigne dans un « testament de mort.

« 5°. Les magistrats qui, postérieurement « à la condamnation de Lesurques, s'occu- « pent des autres procédures, laissent percer « leurs doutes, et sont même portés à croire « l'innocence de Lesurques.

« 6°. Il faut ajouter à ces considérations, « les efforts faits à diverses époques, par sa « famille désolée, pour obtenir la réhabili- « tation de la mémoire de cet infortuné, et les « justifications par elle produites (nonobstant « le rejet de la requête du 13 fructidor an XII) « dans deux mémoires du 6 ventose an XIII

« et 3 juillet 1817, au chef de l'ancien gou-
« vernement, et dans une notice au grand-
« juge, du 4 avril 1806.

« Il semble donc résulter effectivement « que Lesurques a été condamné à mort, et « exécuté le 9 brumaire an V, au lieu de « Jean-Guillaume ou André Dubosq, sup- « plicié lui-même le 3 ventose an IX, quatre « ans après cette irréparable méprise.

« Ma tâche finit ici, Monsieur le Procureur « général; je dois abandonner sans autre « réflexion ces faits et leurs conséquences à « votre sagesse éclairée. »

Telle est la manière dont M. le Procureur du Roi de Versailles a rempli le ministère honorable que lui avait confié M. le Procureur général. On reconnaît ici l'ouvrage d'un magistrat aussi habile qu'impartial. Tout y est examiné avec la plus stricte équité; tout y est pesé dans la balance la plus égale; le bien est mis en regard avec le mal, les témoignages favorables avec les témoignages contraires, et c'est de cette sage et judicieuse confrontation que M. le Procureur du Roi tire ses inductions.

M. Zangiacomi a-t-il procédé de cette manière? Non; tout son rapport n'est qu'un amer plaidoyer contre l'infortuné Lesurques. On lui demandait un examen, il n'a fait qu'une réfutation ; et cette réfutation, quel caractère lui a-t-il donné ? De quelque côté qu'on l'envisage, on n'y voit qu'un seul dessein, qu'une seule pensée, celle d'immoler de nouveau le malheureux Lesurques, pour justifier les erreurs, la violence et les préventions de ceux qui l'ont indignement envoyé à la mort. Etait-ce là le devoir d'un magistrat ? est-ce là de la justice ?

Ah ! si vous eussiez été juste, Monsieur, si la sévère impartialité eût présidé à votre noble tâche, vous auriez comme M. le Procureur du Roi de Versailles, recherché, avec soin, tout ce qui pouvait répandre un jour lumineux sur cette déplorable affaire ; vous auriez, comme lui, rassemblé avec un égal empressement et les preuves qui pouvaient militer pour l'infortuné Lesurques, et celles qui pouvaient jeter de l'incertitude sur sa cause ; et comme M. Doué-d'Arc, vous eussiez tiré de ce sage rapprochement des inductions dignes d'un grand magistrat.

Vous auriez dit : Lesurques, avant l'assassinat du courrier de Lyon, jouissait de la réputation d'un homme de bien. Ses liaisons habituelles étaient avec des hommes de bien. Il aimait les arts et il les cultivait. Son caractère le portait à la bonté, à la générosité, au plaisir même, et semblait incompatible avec l'idée du mal.

Il avait de la fortune, et une fortune plus que suffisante pour élever sa famille et jouir des douceurs de la vie.

Il était bon époux, bon père, bon ami, bon citoyen. Ce fut le hasard, le hasard seul qui lui donna quelque rapport avec l'un des gens impliqués dans l'assassinat du courrier de Lyon, car s'il n'eût pas connu Guesno, qui, comme lui, était un honnête homme, jamais il n'eût vu ni Richard, ni Courriol, ni Madeleine Bréban.

Ce fut le hasard qui le conduisit au bureau central. S'il n'y fût pas allé par amitié pour son compatriote, jamais on n'eût songé à diriger la moindre poursuite contre lui (1).

---

(1) Lorsqu'il fut arrêté, il écrivit à un de ses amis :

« Mon ami,

« Depuis que je suis à Paris, je n'ai éprouvé que « désagrémens; mais je ne m'attendais pas et ne pou- « vais m'attendre au malheur qui m'accable aujour- « d'hui. Tu me connais, et tu sais si je suis capable « de me souiller du moindre crime : eh bien ! le plus « affreux m'est imputé. La seule pensée me fait fris- « sonner. Je me trouve impliqué dans l'affaire de « l'assassinat du courrier de Lyon. Trois femmes et

Parmi les six hommes condamnés comme lui pour l'assassinat du courrier de Lyon, trois, avant de mourir, l'ont proclamé innocent ; les trois autres ont constamment déclaré ne pas le connaître. Cinq témoins seuls ont cru le reconnaître pour un des cavaliers qu'on avait vus sur la route de Melun, et quinze témoins irréprochables ont déclaré

« deux hommes de la campagne que je ne connais pas,
« ni même le lieu de leur domicile (car tu sais que je
« ne suis pas sorti de Paris), ont eu l'impudence de
« déclarer qu'ils me reconnaissaient, et que j'étais le
« premier qui s'était présenté chez eux à cheval.
« Tu sais aussi que je n'ai point monté depuis que
« je suis à Paris. Tu sais de quelle conséquence est
« une pareille déposition, qui ne tend à rien moins
« qu'à me faire assassiner juridiquement. Oblige-moi
« de m'aider de ta mémoire, et tâche de me rappeler
« où j'étais et quelles sont les personnes que j'ai vues à
« Paris à l'époque où l'on me soutient impudemment
« m'avoir vu dehors Paris (je crois que c'est le 7 ou
« le 8 du mois dernier), afin que je puisse confondre
« ces infâmes calomniateurs, et leur faire subir les
« peines prescrites par les lois. »

Il indique ensuite les personnes qu'il a vues ce jour-là, le sieur Tixier, le général Cambray, la demoiselle Eugénie, M. Hilaire Ledru, le coiffeur de sa femme, les ouvriers de son appartement, le portier de la maison, etc. « Tu m'obligeras, ajoute-t-il, de voir souvent « ma femme et de la consoler, etc. » (*Pièces du procès.*)

qu'ils avaient ce jour-là même passé ou la matinée ou la soirée avec lui.

Des doutes peuvent s'élever, et se sont élevés en effet sur les témoins de Lieursaint et de Montgeron; nul doute ne saurait atteindre ceux qui ont attesté sa présence à Paris.

Jamais on n'avait vu chez lui aucun des scélérats qui ont été frappés par la justice pour l'assassinat du courrier de Lyon, jamais on ne l'avait vu chez eux, excepté chez Richard, que le hasard lui avait fait connaître, parce que son compatriote Guesno logeait chez cet homme.

Les individus condamnés avec lui étaient des bandits exercés au crime, déjà flétris par la justice, vivant avec des femmes perdues de mœurs, sans domicile, sans état, sans famille.

Lesurques vivait en citoyen estimable et paisible, et tellement confiant dans sa bonne conduite, qu'il n'avait pas même pris les précautions, que prennent toujours les scélérats, de renouveler leurs passeports, de se munir de cartes de sûreté et de tout ce qui peut servir à les soustraire à la vigilance de la police. Sa femme, modèle de piété et de douceur, élevait ses enfans dans la pratique de la religion et des vertus chrétiennes, qu'elle n'a jamais cessé elle-même de pratiquer.

Vous auriez tenu quelque compte de cette opinion publique, qui le regarde depuis vingt-cinq ans comme la victime d'une déplorable erreur.

Vous auriez aussi compté pour quelque chose le désespoir et le zèle de M. Daubanton, qui après avoir été le premier instrument de sa perte, s'est fait son courageux et repentant défenseur.

Vous auriez, si vous eussiez lu avec attention ou de bonne foi les pièces du procès, reconnu comme moi la prévention des juges, parce qu'elle est démontrée par des preuves incontestables.

Vous auriez examiné vous-même, sans préjugé, sans esprit de corps, sans affection particulière, sans aucun de ces motifs qui rendent si souvent la main de l'homme vacillante et timide quand on lui remet les balances de l'équité, vous eussiez, dis-je, examiné en magistrat vertueux et éclairé les rapports de MM. Giraudet et Collenel.

Enfin, vous eussiez lu avec attention le mémoire en faveur du malheureux Lesurques, non pour le déprécier, mais pour vous éclairer; vous eussiez conféré volontiers avec l'auteur de ce mémoire; vous eussiez enfin recherché tout ce qui pouvait contribuer à vous faire porter un jugement équitable. Au lieu de celà, qu'avez-vous fait?

Loin de rendre justice à la bonne réputation de Lesurques, vous avez cité le passage de l'acte d'accusation de Melun, où il est représenté comme un homme dissipateur et d'une mauvaise conduite.

Loin de convenir qu'il avait une fortune honorable, vous vous êtes appuyé du même acte pour le représenter comme pauvre.

Loin d'avouer qu'il n'avait jamais eu de liaisons avec Courriol et les autres scélérats justement condamnés, vous avez dit, contre le témoignage des actes de la procédure, contre toute vérité, qu'il avait eu avec eux des liaisons avant et après le crime.

Loin de rappeler que c'était de son propre mouvement et par complaisance qu'il était allé au bureau central, vous avez passé sous silence cette circonstance remarquable, et toutes celles que vous avez jugées favorables à la mémoire de Lesurques.

Loin de réduire à quatre ou cinq, comme l'honneur et la bonne foi vous y obligeaient, le nombre des témoins qui prétendaient l'avoir vu sur la route de Melun, vous avez exagéré ce nombre, vous avez omis les circonstances qui pouvaient ébranler la foi due à leurs témoignages.

Loin de balancer avec leurs dépositions les dépositions des témoins à décharge, de ceux qui prouvaient l'*alibi*, vous les avez encore passées sous silence. Vous vous êtes uniquement attaché à la surcharge du registre du Sr. Legrand, que vous avez qualifiée de faux, bien qu'il ait été reconnu qu'il n'y avait point de faux. Vous n'avez pas opposé, à cette circonstance, une circonstance qui justifiait pleinement la date du 8 floréal; je veux dire le billet et le registre de garde invoqués par M. Baudard, peintre.

Au lieu d'avouer les préventions injustes du Directeur du jury de Melun (1), au lieu de convenir de celle du Président du tribunal criminel de Paris, et de ses emportemens; au lieu de couvrir d'un officieux oubli le fatal rapport de M. Siméon, vous m'avez fait un crime de la liberté avec laquelle j'ai parlé de ses écarts et de ceux de quelques magistrats; comme si la hardiesse des pensées et la

---

(1) Il n'est question ici que de M. M***; car M. Cartault s'est conduit dans le procès de Durochat, de Vidal et de Dubosq avec une rare impartialité.

liberté de l'expression n'étaient pas de droit naturel, dans une cause de ce genre; comme si j'étais capable de manquer à la vérité et à l'intérêt de mes cliens, dans la crainte de déplaire à un homme puissant.

Enfin, loin de chercher à conférer avec le défenseur de Lesurques, vous avez poussé le manque d'égards jusqu'à ne pas daigner m'envoyer votre rapport; vous n'avez rien négligé pour mettre je ne sais quelle différence entre vous et moi, et vous y avez réussi, car j'ai voulu faire une bonne action, et vous vous avez entrepris d'en détruire tout le mérite et tout le succès.

Mais il est au-dessus de nous, Monsieur, un tribunal supérieur à toute juridiction, qui confirme et annule les arrêts même de la cour de cassation, et les opinions de ses conseillers. Ce tribunal a prononcé, et ses jugemens ont retenti dans toute l'Europe. C'est aujourd'hui une vérité avouée, reconnue, incontestable, et contre laquelle viendront se briser tous vos sophismes, que Joseph Lesurques a péri victime d'une horrible méprise; que l'homme de bien est mort pour le méchant; que la tête du juste est tombée pour celle du coupable.

Ce n'est pas sa famille seulement, ce ne sont pas uniquement ses amis, ses concitoyens, c'est la société toute entière qui réclame en sa faveur, qui demande, qui sollicite, qui appelle à grands cris une réparation éclatante. Tout ce que la France possède de plus élevé, la noble Chambre des Pairs, l'honorable Chambre des Députés, la députation entière du Nord, toutes les autorités de Douai, se réunissent pour implorer la justice, la bonté, les lumières du plus sage et du plus bienfaisant des Monarques.

Quand la voix du malheureux Calas est sortie du tombeau, elle a été entendue : des larmes d'attendrissement ont coulé de tous les yeux au récit de son infortune ; et longtemps avant l'arrêt solennel qui l'a rendu à l'honneur (ne pouvant le rendre à la vie), la généreuse pitié du gouvernement s'était émue en faveur de sa famille désolée, et n'avait pas permis qu'elle restât plus longtemps dans les horreurs de la misère (1).

---

(1) Lorsque le premier mémoire en faveur de Calas fut publié, le gouvernement fit remettre 36,000 fr. à sa famille, à laquelle on n'avait rien à rendre. On a enlevé, contre les lois, plus de 400,000 fr. à la famille Lesurques, et l'on n'a obtenu qu'à grand'peine 3,000 fr. de secours, bien que depuis la restauration le trésor public ait reçu 15,400 fr., dernier reste de ses sanglantes dépouilles.

La cause de Lesurques n'est pas moins sacrée que celle de Calas. Son innocence n'est pas moins démontrée. Depuis vingt-six ans, sa famille en pleurs, dépouillée d'honneur et de fortune (et d'une fortune que la violence lui a ravie au mépris des lois), exhale en vain ses tristes soupirs, ses longs gémissemens. Les mêmes hommes qui ont autrefois causé ou prolongé ses douleurs trouvent un appui et des défenseurs; elle seule ne trouve aucune consolation. *Nec inventus est qui consolaretur eam.*

Mais elle élevera de nouveau ses cris vers le trône; elle assiégera les Ministres de ses justes plaintes, et tant qu'il lui restera un souffle de vie, elle leur dira : rendez l'honneur à notre époux, à notre père; rendez la vie à sa veuve et à ses enfans. Elle dira au Roi:

Voyez autour de vous les prières tremblantes,
Filles du désespoir, maîtresses des grands cœurs,
S'étonner d'arroser de larmes impuissantes
Les mains qui de la terre ont dû sécher les pleurs.

COPIE des Lettres adressées à Madame veuve LESURQUES, *et à ses enfans, sur le douloureux procès de leur malheureux époux et père, victime de l'erreur de ses juges* (1).

« MADAME,

« Le malheur dont vous demandez depuis « si long-temps la réparation, est l'un des plus « déplorables exemples de l'incertitude des « témoignages et des jugemens humains. J'ai « lu avec le plus vif intérêt le mémoire dont « vous avez bien voulu m'adresser un exem- « plaire. Les démonstrations qui accompa- « gnent cette dernière réclamation, l'accueil « que la justice et l'humanité ont déjà trouvé « auprès du Roi et des Chambres législatives, « tout vous assure, Madame, que vous ob- « tiendrez enfin la seule consolation qui soit « désormais au pouvoir des hommes.

« *Signé* LENGLET,

« *Président à la Cour royale de Douai.* »

(1) Ces lettres se rapportent à la page 7 : elles auraient dû y être jointes comme pièces justificatives ; mais pour ne point interrompre le cours de la discussion, on a cru devoir les placer ici de préférence.

« MADAME,

« L'envoi de votre mémoire m'a prouvé
« que vous connaissez l'intérêt que j'ai tou-
« jours pris à vos accablans malheurs.

« Je l'ai lu avec satisfaction. La vérité sort
« radieuse de la plume de son auteur. Vous
« ne pouvez douter du succès; je vous en fé-
« licite d'avance. J'aurais autrefois entrepris
« d'y concourir de tout mon cœur et de toutes
« mes forces, lorsque vous me fîtes l'honneur
« de me voir. Il a toujours été dans mes prin-
« cipes de voler généreusement au secours
« des infortunés, et je n'ai jamais douté de
« l'innocence de votre époux. Mais je vous
« l'ai dit franchement, Madame, le temps
« et les circonstances s'opposaient alors à ce
« que je vous conseillasse une douteuse ten-
« tative, qui vous aurait été nuisible, si elle
« n'avait pas réussi.

« J'ai l'honneur d'être, etc.

« DELEGORGNE,

« *Ancien Avocat, Conseiller à la Cour*
« *royale de Douai.* »

« MADAME,

« J'ai l'honneur de vous offrir mes remer-
« ciemens pour l'attention que vous avez eue

« de m'adresser un exemplaire du mémoire « au Roi, rédigé par M. Salgues. Depuis « long-temps j'ai exprimé mon sentiment per- « sonnel comme avocat, et mon vœu comme « membre de la société, au sujet de l'une des « plus douloureuses méprises de la justice hu- « maine. Le Roi, Madame, entendra le cri « de votre famille. Vous en avez pour garant « ses hautes lumières, sa paternelle sollici- « tude pour ses sujets, et la gloire qu'il attache « à toutes les réparations compatibles avec « les lois. Je vous prie d'être persuadée que « personne n'apprendra avec une plus vive « satisfaction que moi le résultat auquel vous « aspirez, et dont l'espoir se fonde sur des « démonstrations aussi complètes que celles « qui protègent votre réclamation.

« Je suis, Madame, etc.

« *Signé* BILLECOQ. » (1)

---

(1) Je pourrais m'autoriser ici du suffrage des plus illustres avocats du barreau, qui tous ont pensé comme M. Billecoq; mais je ne dois point passer sous silence un fait dont je puis garantir l'autorité. M. Blaque, l'un de nos jurisconsultes les plus éloquens, les plus éclairés et les plus purs, assista à tous les débats du procès du malheureux Lesurques. Après sa condamnation, il sortit du palais avec une partie des jurés et les accompagna jusqu'à l'hôtel-de-Ville. Là il leur dit : « Je ne « prétends pas, Messieurs, adresser de reproches à

Les Ministres eux-mêmes n'ont pu refuser leur assentiment aux preuves évidentes, aux faits incontestables sur lesquels s'appuie l'innocence de l'infortuné Lesurques. J'ai déjà rapporté les lettres de MM. le Baron Pasquier, le Duc de Richelieu, le Baron Capelle ; j'y joins celles de M. le Chancelier, de M. le Comte de Villèle, de M. le Comte de Chabrol, Préfet du département.

« MADAME,

« J'ai reçu, avec la lettre que vous m'avez « fait l'honneur de m'écrire le 26 du mois « dernier, le mémoire qui vient d'être publié « sur une grande infortune, dont le récit ne « peut manquer d'inspirer le plus vif intérêt « en faveur de la famille qui en a été frappée. « Je me suis empressé, suivant vos désirs, de « faire hommage à la Chambre de ce mé- « moire, et de faire distribuer à MM. les Pairs « les exemplaires que vous leur destiniez.

« Recevez, etc.

« *Signé le Chancelier de France,*
« *Président de la Chambre des Pairs.* »

« votre conscience ; mais souffrez que j'en adresse à « vos lumières. Comment, sur de tels indices, après « tant d'*hésitations* et de *contradictions* de la part des « témoins à charge, avez-vous pu condamner ce mal- « heureux ? Quant à moi, j'aurais porté ma tête sur « l'échafaud avant de le déclarer coupable. »

« J'ai reçu, Madame, l'exemplaire du mé-
« moire que vous venez de publier, concer-
« nant la malheureuse affaire qui a causé la
« perte de votre mari et de vos biens. Je vous
« prie d'agréer mes remerciemens de cet en-
« voi. Je partage avec toutes les personnes
« sensibles l'intérêt que votre infortune ins-
« pire. Je serais heureux de pouvoir un jour
« contribuer à l'adoucir.

« Veuillez agréer, etc.

« *Le Ministre Secrétaire-d'État des finances*,

« *Signé* DE VILLÈLE. »

« MADAME,

« J'ai reçu la lettre que vous m'avez fait
« l'honneur de m'écrire et le mémoire adressé
« au Roi, pour votre malheureux époux. Les
« faits de cette cause ont appelé sur vous,
« sur votre famille, le plus vif et le plus juste
« intérêt. Je déplore, Madame, tout ce que
« votre position a d'affreux, et personne ne
« désire plus que moi qu'il soit mis un terme
« aux malheurs que cet horrible évènement
« fait encore peser sur vous. La justice du
« Roi doit vous être un garant, Madame,

« que tout ce qui peut être réparé sera ré-
« paré en effet.

« Veuillez, etc.

« *Le Conseiller d'État, Préfet de la Seine,*
« CHABROL. »

Nota. En rédigeant ces observations sur le rapport de M. Zangiacomi, j'ai dû m'élever au-dessus de ces sentimens humains, de ces considérations de société qui ne trahissent que trop souvent les intérêts de la justice. J'ai parlé sans hésitation et sans crainte, et j'ai oublié les titres qui distinguent le rapporteur de cette douloureuse affaire.

Beaucoup de personnes me disaient procédez avec ménagement; n'oubliez pas que M. Zangiacomi est élevé en dignité; qu'il a des relations habituelles avec des personnes puissantes, et surtout avec M. le Comte S...., Ministre d'Etat, Pair de France, et dont le rapport au Conseil des Cinq-Cents a été si funeste à l'infortuné Lesurques.

Ainsi l'on avouait que la justice pouvait quelquefois être immolée à des considérations de rang et de fortune.

Sans doute les mêmes personnes trouveront que j'ai usé d'une extrême liberté envers M. Zangiacomi; mais l'honneur me permettait-il une autre conduite? M. Zangiacomi n'a-t-il pas assez d'avantages sur moi! Quelle protection n'a-t-il point obtenue pour son rapport!

Il a été approuvé le 30 juillet, imprimé le 31, distribué aux Chambres le 1er. et le 2 août, envoyé le 4 et le 5 au comité des finances, le 6 et le 7 inséré dans le Moniteur. Il a été adressé à tous les procureurs généraux, sans que l'auteur du mémoire justificatif en ait reçu un exemplaire. Fera-t-on la même chose pour la malheureuse famille que je défends? Obtiendrai-je l'insertion de ma réponse dans le journal officiel? Le temps me l'apprendra. Mais il est triste de le dire; je pressens que je n'obtiendrai aucun de ces avantages; car d'une part est la faiblesse, et de l'autre est la puissance, et jusqu'à ce jour la justice et la pitié semblent s'être éloignées de la puissance. Cependant ne désespérons de rien. Des Ministres remplis de lumières et d'équité liront cet écrit; ils seront justes, parce qu'ils sont vertueux; et ils accompliront les devoirs de la justice, parce qu'ils en ont le pouvoir. Cependant si, contre toute attente, la cause du juste venait à succomber, je dirais comme le pauvre lorsqu'il est opprimé : *Ah! si le Roi le savait!*